一番わかりやすい！
「ビジネス動画」の
仕組みとノウハウ

これからの集客はYouTubeが9割

YouTubeプロデューサー
元「楽天市場」プロデューサー
大原昌人

青春出版社

はじめに

ビジネスをしている人なら、誰しも「お客さんを増やしたい！」「不況でも変わらずついてきてくれるファンが欲しい！」——こんな願望を持っているのではないでしょうか。

本書を手に取ったあなたも、少なからず「いまより売上をアップさせたい」「良質なお客さんを増やしたい」という思いがあるはずです。

では、「それをいままで実現できていないのは、『ＹｏｕＴｕｂｅ』を活用できていなかったのが原因です」と言われたらどう思うでしょうか。

「ＹｏｕＴｕｂｅ？　そんな子どもが観るような軽いエンタメ媒体なんて使わないぞ」

そう思われた方は、今後のビジネス集客に苦労するかもしれません。

いま、コロナ禍においても売上を伸ばし続けている国内外の企業は、ＹｏｕＴｕｂｅをメインの集客手段にしているところが多く、その流れはいっそう加速していくことが確定的だからです。

YouTubeは単なる娯楽としての動画媒体ではなく、いまやビジネス上の集客戦略の中心媒体ともなっているのです。

例えば、あなたがYouTubeを活用するならば、次のようなメリットを享受することができます。

- 商品やサービスへの集客誘導が永続的になされる
- あなた自身のファン、あなたのビジネスのファンになるお客さんが生まれる
- 感染症や不況など世相に左右されず、インターネットから安定的に集客できる
- YouTubeの広告収益のみならず、様々なルートから収入が得られる
- 競合と一気に差をつけた売上アップが見込める

本書を読み終えた頃には、あなたは「YouTubeからの集客」の仕組みと、具体的なノウハウを獲得できているでしょう。早くチャンネルを立ち上げたいと、動き出したくなってウズウズしているかもしれません。

難しいとか、もう遅いということはありません。その理由は本書を読めばきっとわか

ります。そして、「オンラインの時代」にあって、しっかりとファンを作りながらビジネスを拡大・安定させていくことができるはずです。

それでは、始めていきましょう。ようこそ、YouTubeの世界へ。

目次

これからの集客はYouTubeが9割

第1章 いますぐYouTubeチャンネルを作るべき理由

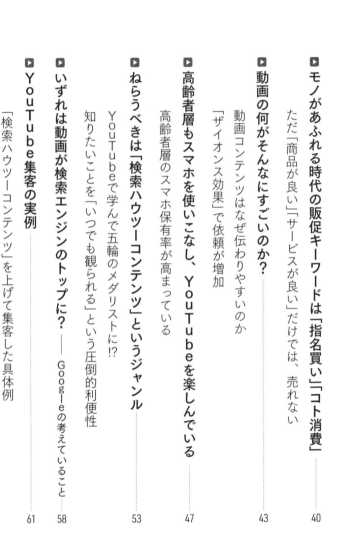

第2章 意外と知らない！ YouTube攻略のキホン

第3章 これでうまくいく！ 動画制作・公開のポイント

第4章 ここで差がつく！ 動画ビジネス飛躍のヒント

企画協力　松尾昭仁／ネクストサービス株式会社
本文デザイン　浦郷和美
ＤＴＰ　森の印刷屋

序　章

YouTube市場は まだまだ先行者有利

ユーチューバーの終焉!?
広告収益で稼ぐ時代は終わった!

「検索ハウツー」需要が急増している

「YouTubeがどうやらビジネスや集客でいいらしいぞ」

「あのお店は、YouTubeのおかげで最近調子がいいらしい」

ビジネス感度の高い皆さんなら、こうした言葉を聞いたことがあるかもしれません。

では、「YouTube」と聞くと、どんなイメージを持つでしょうか? HIKAKIN、はじめしゃちょーなど、エンタメ系の〝ユーチューバー〟を思い浮かべる人も多いと思います。

2014年に「好きなことで、生きていく」というフレーズをYouTubeが広告コピーとして打ち出したあたりから、YouTubeは一般の人たちにもかなり認知される動画プラットフォームになってきました。

そして、こういった主にエンタメ系のユーチューバーは、「インフルエンサー」と呼ばれ、YouTubeからの広告収益をベースに稼いできました。現在も、YouTubeは「広告収益で稼ぐ＝再生回数で稼ぐ」媒体だと思われがちです。

しかし、時代はここ数年で大きく変わっています。**いまやYouTubeは、単にユーチューバーが広告収益を稼ぐ媒体ではなくなりました。**

一般の生活レベルで、検索エンジンとして調べ物をしたり、ノウハウやハウツーを吸収したりといった需要が急速に高まっているのです。人間関係、仕事術、料理のレシピ、壊れた家電の直し方…これらの検索に耐えうるコンテンツの需要が、近年YouTube上で加速しています。

そして、そうした検索ニーズに対応するハウツー型のコンテンツ（これを本書では「検索ハウツーコンテンツ」と呼びます）を提供する企業や個人が増えています。自社の商品やノウハウ、考えを知ってもらうために、YouTubeをブログやWebサイトのような媒体、つまり「集客の窓口」として活用し、大きく成功しているところもあるのです。

それはどういうことなのでしょうか。

まずは、検索のプラットフォームの利用者数をざっくりと見てみましょう。

世界のWEBサイト月間アクセス数トップ10（2019年6月）

世界ランク	ドメイン	毎月の訪問	国
1	Google.com	604.9億	アメリカ
2	Youtube.com	243.1億	アメリカ
3	Facebook.com	199.8億	アメリカ
4	Baidu.com	97.7億	中国
5	Wikipedia.org	46.9億	アメリカ
6	Twitter.com	39.2億	アメリカ
7	Yahoo.com	37.4億	アメリカ
8	pornhub.com	33.6億	カナダ
9	Instagram.com	32.1億	アメリカ
10	xvideos.com	31.9億	チェコ共和国

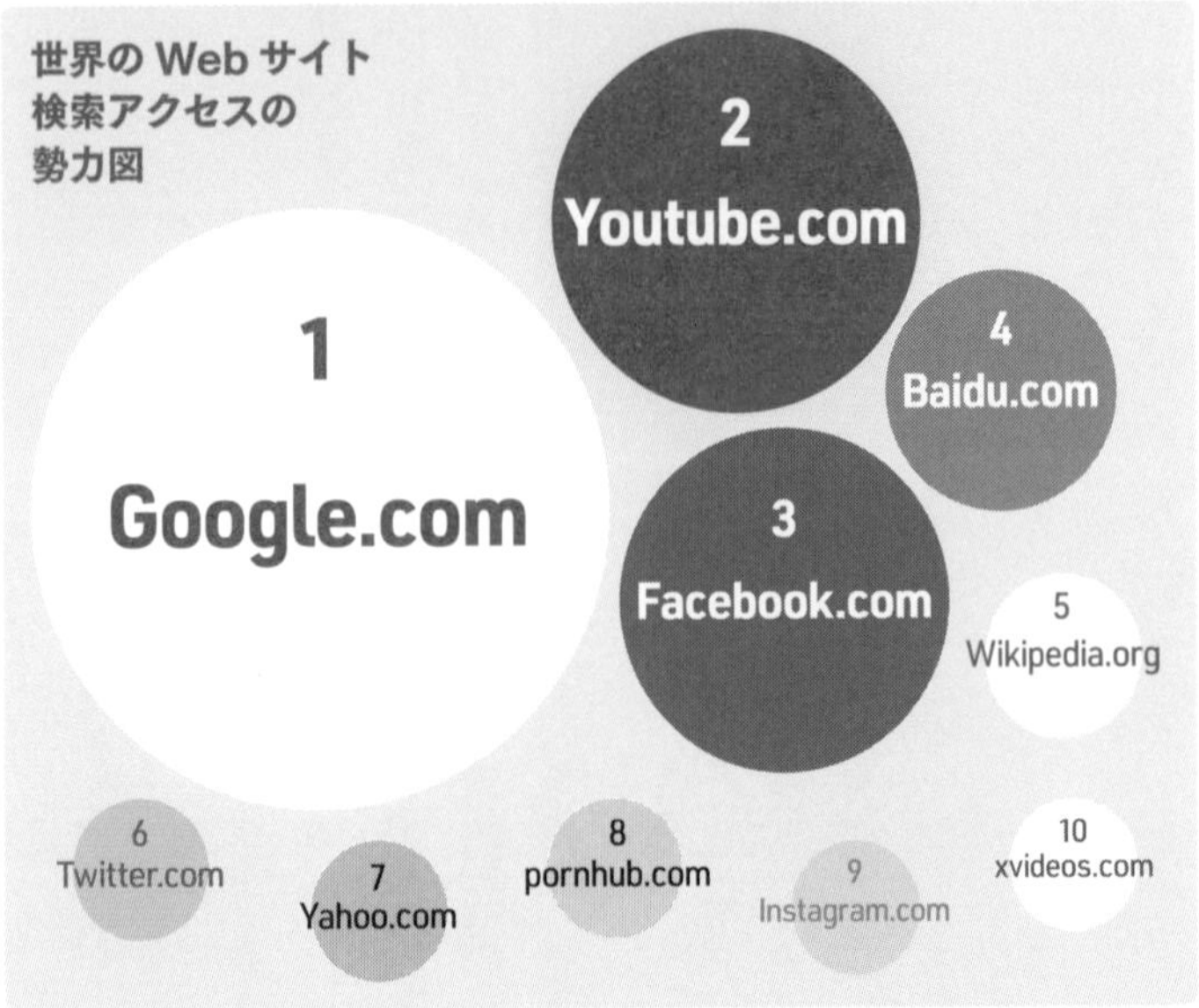

出所　VISUAL CAPITALIST「Ranking the Top 100 Websites in the World」より抜粋
https://www.visualcapitalist.com/ranking-the-top-100-websites-in-the-world/
参考　FINDERS　https://finders.me/articles.php?id=1230

右ページの図が示すように、世界で最も利用者が多いのがＧｏｏｇｌｅです。また、近年の検索の回数としては、Ｇｏｏｇｌｅは「世界中で1年間に2兆回」にものぼるというデータがあります（22ページ）。１９９９年が10億回ですから、いかに凄まじい勢いで伸びているかがわかると思います。

ではその次はどこかというと、いまはＹｏｕＴｕｂｅが世界第2位なのです。月間20億人ものアクティブユーザーが存在し、アクセス数は２４３億もあります。

ここまでＹｏｕＴｕｂｅの利用者が増えたのは、単なる「ユーチューバーを見るためのエンタメ媒体」という、これまでの使い方やイメージではなく、検索エンジンとしての需要が増加している証左だといえるでしょう。

5G到来で、「動画」のハードルがますます低くなる

動画市場の勢いが高まっている要因は様々考えられますが、そのひとつに、２０２１年から5Ｇ（第5世代移動通信システム）が本格化しはじめたことが挙げられます。

5Ｇとは、簡単にいうと、これまでよりも高速で大きなデータの送受信が可能になる環境のことです。より解像度が高く、容量の大きい動画を楽しめるようになります。

Googleの年間検索数の推移

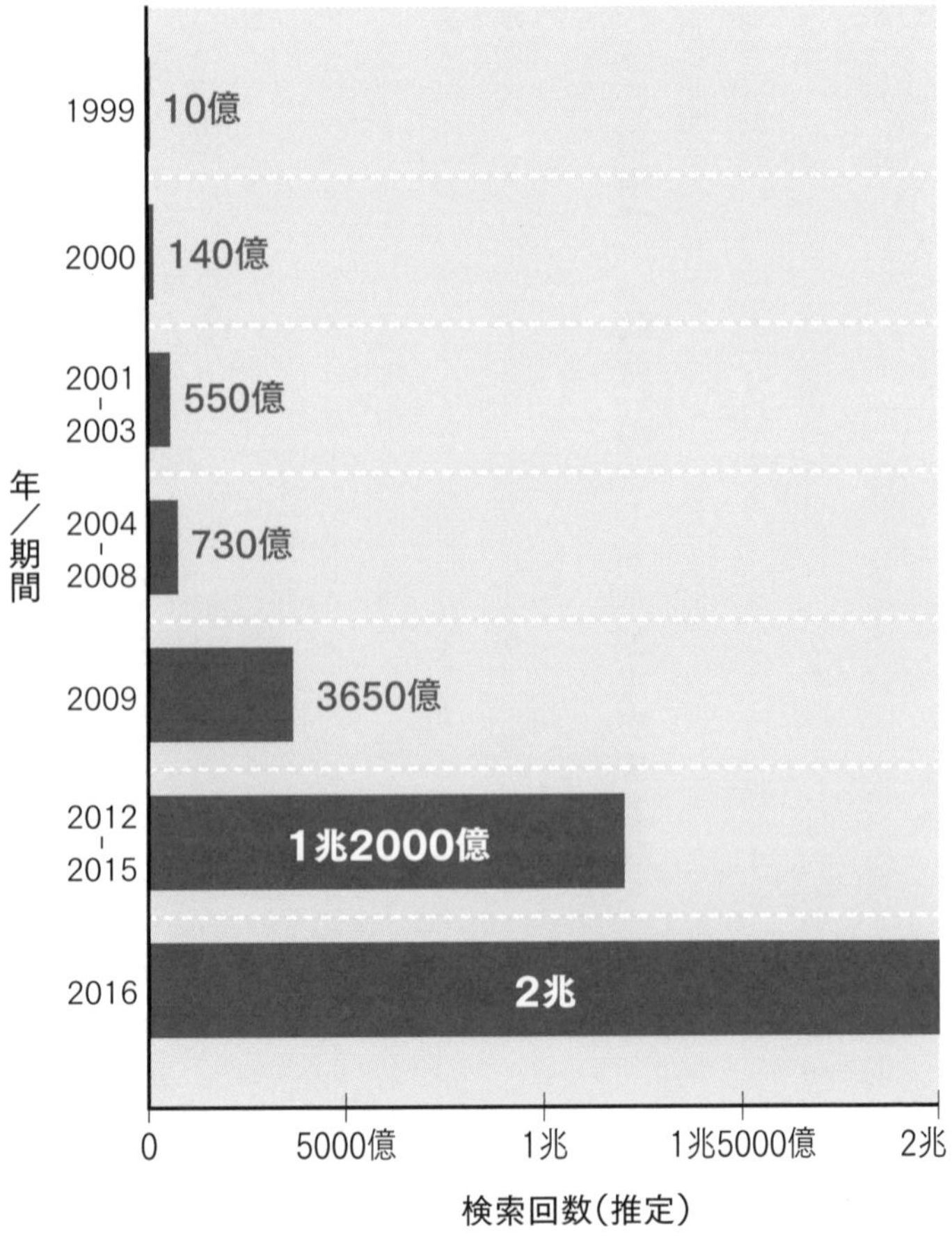

出所 「Search Engine Land」の記事をもとに作成
https://searchengineland.com/google-now-handles-2-999-trillion-searches-per-year-250247
参考 https://seopack.jp/seoblog/20160525-searches-per-year/

例えば2時間程度の映画なら、5Gの環境下ではわずか3秒ほどでダウンロードできます。YouTubeなど動画の視聴ハードルがグンと低くなるというわけです。

15年ほど前、スマートフォンがまだ普及していなかった時代には、動画を視聴するのは容易ではありませんでした。自宅で有線LANをパソコンに繋ぎ、画像が粗い状態で途切れ途切れの動画を観ていた方も多かったのではないでしょうか。

また、手持ちの携帯電話で動画を観ようとしても、〝ガラケー〟と呼ばれる折り畳みのケータイを持っている人が多く、動画を観るにはダウンロードに10分以上はかかったものでした。〝パケット制限〟があったので、ガラケーで動画をずっと観てしまい、携帯電話の請求書が5万円を超えたという痛い思い出が私にはあります。

ですが、いまはスマートフォン全盛の時代です。インターネット環境も以前と比べて格段に進歩しました。あちこちでスマホをWi-Fiに繋ぐことができ、美しい画質の動画をスムーズに楽しむことができます。私の知人には、山手線で動画を視聴していたら、うっかり1周してしまっていたという人もいます。

テクノロジーの発展と共に、動画を視聴する環境も加速度的に進化し、今後インターネットの高速化で動画の視聴ハードルはよりいっそう、低くなっていくのです。

売れない小さなお店が月商1000万円を突破した話

　では動画は実際のところ、どんな風にビジネスに繋がるのでしょうか。

　とあるペットショップでは、コロナ禍の影響もあり、リアルのお店（実店舗）の集客が前年比マイナス90％にまで落ち込んでしまいました。しかし、その店主は〝ピンチはチャンス〟と受け止め、新しい集客ツールとして「YouTubeでの発信」を取り入れることにしました。

　発信の内容は、「初めてペットを買ったときの飼育方法」や「ペット別の値段」「飼育の楽しさ」などを、等身大でフランクに店内から届けるというもの。チャンネルを開設してからわずか4カ月で視聴者数は3万人を超えました。店内でも「いつもYouTubeを観ています」というお客さんの声が頻繁に聞こえるようになったのです。

　月商は200万円程度に下がってしまっていたのが、600万円程度にまで回復し（前年比＋35％）、多いときは1000万円を突破するようになりました。

　こんな風に商品の直接的な情報ではなく、商品に関連する「汎用的な情報」をプロの視点から伝えるだけでも、観た人が親近感を覚えてファンになり、集客へと自然に繋がっていきます。

また、YouTubeは、ネットショップや自社サービスURLリンクへの誘導なども非常に相性がよいです。

「YouTubeでお店や個人など発信者の情報を聞き、ファン化」

↓

「動画の説明欄を見て、そのお店のWebサイトや他のネットショップで買い物」

という流れが主流になってきています。

自粛生活により、楽天やYahoo!、Amazonの流通総額は、昨年対比の1.5〜2倍近くになっています。また、日本全体や世界全体で見た「*EC化率」も年々上がっています。

ネット販売において、YouTubeは抜群に相性がよく、法人であれ個人であれ、YouTubeをうまく使えば売上を飛躍的に伸ばすことができるのです。

*「EC」とはElectronic Commerceの略称で、「電子商取引」のこと。「EC化率」は「電子商取引が占める割合」を意味する。

BtoC-ECの市場規模および物販系EC化率の経年推移

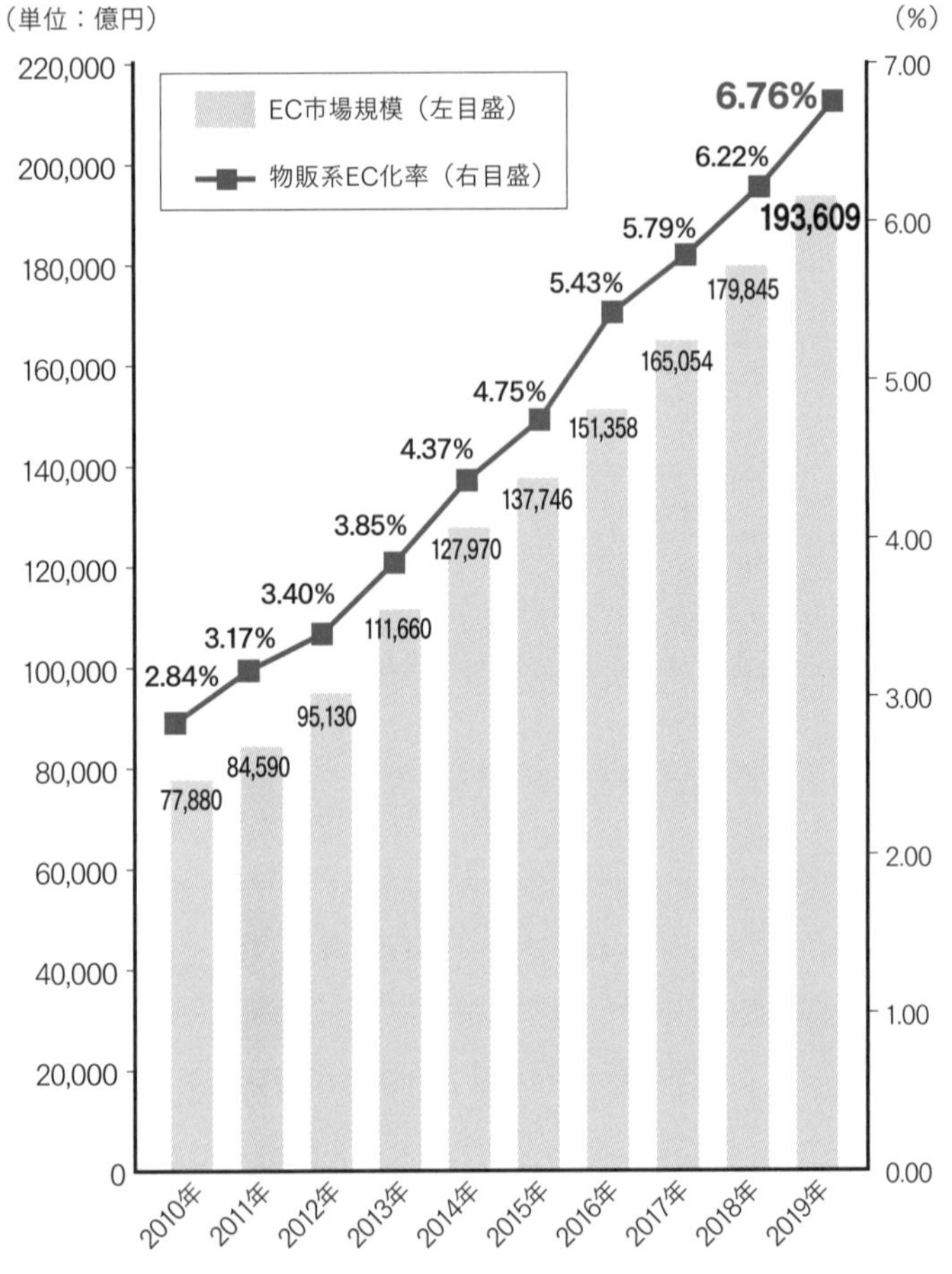

2019年のBtoC-EC市場規模は19兆3609億円（前年比7.65%増）、EC化率は6.76%（前年比0.54ポイント増）に。2010年当時と比べて大きく伸びている。

＊EC化率は物販分野対象

出所　経済産業省「令和元年度 内外一体の経済成長戦略構築にかかる国際経済調査事業（電子商取引に関する市場調査）」図表4-4をもとに作成
https://www.meti.go.jp/press/2020/07/20200722003/20200722003.html

ビジネスユーチューバーの台頭

ＹｏｕＴｕｂｅを本業に活用する「ビジネスユーチューバー」のなかには、相当な数のファンを持つ有名人も存在します。

例えば「マコなり社長」は、渋谷にあるプログラミングスクール「テックキャンプ」などを運営する株式会社ｄｉｖの代表取締役ですが、ＹｏｕＴｕｂe開始から2年ほどで、チャンネル登録者数が10万人超となり、直近では90万人超にまで伸びました。２０２１年9月に休止を発表しましたが、そうしたＹｏｕＴｕｂｅでの活動が、本業であるスクールの集客はもちろん、オンラインサービス運営、教育パッケージ販売などへと広がったことは、傍目からも明らかです。

チャンネルの広告収益は月に１００万円以上と推定され、一般的な感覚では多いように感じられるでしょう。しかし、年商数億～数十億円規模の会社にとっては大した額ではなく、それよりも、ＹｏｕＴｕｂｅを窓口とした本業の利益のほうがはるかに大きかったはずです。

▶マコなり社長（2021年9月時点）https://www.youtube.com/channel/UC7I3QTra4_kC4TSu8f7rHkA

チャンネル始動　2018年11月
チャンネル登録者数　92万人

- YouTube広告収益　1000〜3000万円／月（推定）
- オンラインサービス　3000万円〜／月（推定）
- 教育パッケージ単発　4000万円〜／月（推定）

また、元・日本マクドナルドの社員で、現在はセミナー講師として活躍する鴨頭嘉《かもがしらよし》人《ひと》さんも、ビジネスユーチューバー界隈では有名人です。本業では、組織構築・人材育成・セールス獲得についての講演・研修などを行っています。

▶鴨頭嘉人（2021年9月時点）https://www.youtube.com/channel/UCq3Ct-r3-XbGxDiG7BGu2dQ

チャンネル始動　2012年9月
チャンネル登録者数　108万人

- YouTube広告収益　50〜160万円／月（推定）
- 講演　100万円〜／回（推定）

・YouTube、プレゼンテーションセミナー　1000万円／月（推定）

ご著書によると、YouTube動画を長年投稿していてもなかなか伸びていなかったそうです。しかし、そのプラットフォームとしての可能性にいち早く気づき、いまではチャンネル登録者数が100万人を超す売れっ子のセミナー講師となって、大成功を収めています。

ビジネスユーチューバーのコンテンツのジャンルは多岐にわたりますが、共通するのは、YouTubeの広告費で稼ぐというよりも、本業として受注する商品やサービスがあり、そこへの導線や全体的な集客としてYouTubeで発信していることです。

YouTubeの広告収益は動画の再生回数に影響されることが多く、そこに頼ったビジネスでは、「コンテンツポリシー」と呼ばれるYouTubeの規約や動画の流行りすたりに売上が左右され、安定的な収益を得るのが難しい側面があります。

しかし、YouTubeを「本業への入り口の集客手段」として捉えるのであれば、そういった懸念に制限されずに、ビジネスを安定させていくことができます。

「1企業1YouTubeチャンネル」の時代がやってくる

私は今後、「1企業につき1YouTubeチャンネル」という時代が必ず来ると予測しています。その理由について詳しくは次章でお話ししますが、まずお伝えしたいのは、**動画には「圧倒的な情報伝達力」がある**ということです。

一般的なWebサイト（静止画）と比べると、動画1分につきLP（ランディングページ）100ページ分の情報量があると言われています。静止画と比べてそれだけ多く伝えられる動画という媒体を、使わない手があるでしょうか。

また、動画には「Webサイトの文章を読んでいると疲れる」「画面上だと文字が見づらい」といった理由から、これまでは情報が届いていなかった高齢者層にもリーチできるという利点があります。

そして極めつけは、**「YouTubeは検索エンジンとして世界で9割近くのシェアを占めており、時価総額が世界トップ5のGoogle（グループではアルファベット）が所有している」**という点です。

ここまでの話から見えてきたと思いますが、**これからは〝動画の時代〟**であって、し**かも動画といえばGoogle傘下のYouTubeが圧倒的なシェアを持っており、「YouTube1択」が道理**なのです。

いまの動画ビジネスの状況は20年前の楽天やAmazonなどでのインターネットショッピングや、様々なWebサイトの黎明期と同様、というとわかりやすいでしょうか。まさに今後10年20年のうちに、YouTubeはよりいっそう普及していくと予測されます。

昔は「楽天市場」というと「何それ？」と思う方が多く、インターネット自体についても「怪しい」というイメージを持っている人が珍しくありませんでした。

私が元いた楽天という会社の創業社長である三木谷浩史氏は、1997年の創業当初、経営者向けのセミナーで「これからはネット通販の時代が来る」と高らかに宣言したところ、集まった経営者は皆〝ポカン〟という顔をしていたと言います。

しかし現代ではもはや、小売であればネット通販を行っていないところは後進とみなされ、ホームページがない企業は怪しく、存在していないかのように思われてしまいます。

楽天は皆さんご存じの通り、その後ネット通販で大成功を収め、わずか20年ほどで時価総額2兆円以上の大企業に成長していきました。

それを考えると、今後「1企業に1つYouTubeのチャンネルがあって当たり前」「YouTubeで情報発信をしていくのが当たり前」――いや、むしろ「ないと信頼がない、情報がない」とみなされる時代に突入していくのは明白でしょう。

逆にいうと、**動画コンテンツの時代に乗り遅れず、先手を打っていくことで、競合他社に圧倒的な差を付けることができる**のです。

まだまだ先行者有利のブルーオーシャン

「そうは言っても、すでにYouTubeにはチャンネルがありすぎて、いまさら始めても遅いのでは?」と思った方もいるかもしれません。

ではまず、発信者の数に目を向けてみましょう。いまのところYouTube上で情報発信をしている人は、YouTube利用者のうち、わずか0・03%しかいません。

世界中の驚くべき利用者数からすると、「発信者側」としてYouTubeというツールを使用している人は、1万人に3人という割合なのです。

もしあなたが人口10万人の都市で、新しく自転車屋さんをオープンするとしたら、競合の自転車屋がすでに100店舗あるA町と、まだ1軒しかないB町のどちらにお店を構えるでしょうか？　おそらく9割以上の方が「まだ1軒しかないB町」に出店したいと思うはずです。

私自身が最初のYouTubeチャンネルを本格的にスタートさせたのは、2020年3月頃でした。コロナ禍の影響でセミナー開催などリアルでの集客などができなくなったため、新しく何か始めようと思い立ち、自分のチャンネルをスタートしました。

すでにYouTubeの認知度は凄まじいどころか、エンタメ系の人や芸能人などがたくさん流入してきた頃でした。「いまからでは遅いかも」と思いましたが、フタを開けるとそんなことはありませんでした。

個人事業主や経営者の方々に向けて「起業・ビジネス」のノウハウや、使える助成金などの情報を発信しはじめたのですが、チャンネル視聴者数がわずか半年で5000人を超え、現在では2・5万人を突破。月間ではチャンネル単体の視聴者数が90万人を超える月も出てきています。

そのYouTubeをきっかけに、コンサルティングやプロデュースの依頼や問い合わせが急増し、月間で1000万円の売上を超える月もあるくらいに成長したのです。

そして私のクライアントも、現在進行形で、売上を大きく伸ばすことに成功していま
す。

そう、**YouTubeは、まだまだ「ブルーオーシャン」（市場が開拓されていない場所）。**〝先行者有利〟の市場であり、「始めるのに遅すぎる」ということはないのです。

さあ、動画というコンテンツをうまく活用し、YouTubeという圧倒的なプラットフォームを自社の強力なビジネスツール、ファン作りの場として活用していきましょう。

そこにはあなたが想像する以上の恩恵と、ワクワクする未来が待っているはずです。

第1章

いますぐ
YouTubeチャンネルを
作るべき理由

いまや信頼できるメディアはテレビCMより〇〇

インターネット、さらにはSNSの台頭により、人々の購買心理は変わりました。テレビや雑誌といったマスメディアからの情報とは別に、「自分の信頼する著名人やインフルエンサーからの情報」によって商品を購入するというケースが、ここ数年で増えつつあります。

テレビが全盛の時代には、テレビCMは最もインパクトのある宣伝方法でした。商品の認知度を上げるために、大手の広告代理店に億単位のお金を払い、人気の芸能人を起用してCMを制作し、大々的に放映する。ほんの数年前までこれが一番強かったのです。

それがいまでは、例えば人気女優が青汁のCMに出て、「青汁を飲んで美味しくダイエット！」と宣伝したところで、「私も青汁をいますぐ買おう」とはなりにくいという考えが浸透しつつあります。

実際にその女優さんが青汁を飲んでいるかどうかは別として、いまいちリアリティに欠けると感じる人が多いのでしょうか。このやり方だと、商品の認知度はアップするかもしれませんが、実際の購買には繋がりにくいのです。

一方、自分がフォローしているユーチューバーやインスタグラマーが自身のSNSなどで「この青汁は本当に美味しくて、ダイエットのお供に効果的でした」と投稿していたら、「試しに買ってみよう」と思う人が多いようです。

「宣伝＝購入」から「信頼＝購入」という消費マインドへ

さて、そのテレビCMの中の人気女優と、自分がフォローしているインフルエンサー、両者の違いは何でしょうか。

ひとつは「信用度」です。

ネットの発達で情報があふれている現代では、人々は大手のマスメディアや、お金をかければ放映できるテレビCMのような情報ではなく、「信頼」できる人や媒体からの情報を何よりも求めています。

ある調査ではこんな結果が出ています。「最も信用できるメディアは?」というアンケートに、20〜30代の男女の約63%が「SNS」と回答し、「テレビ」はその半分の

もっとも信頼できる情報源（20代～30代）

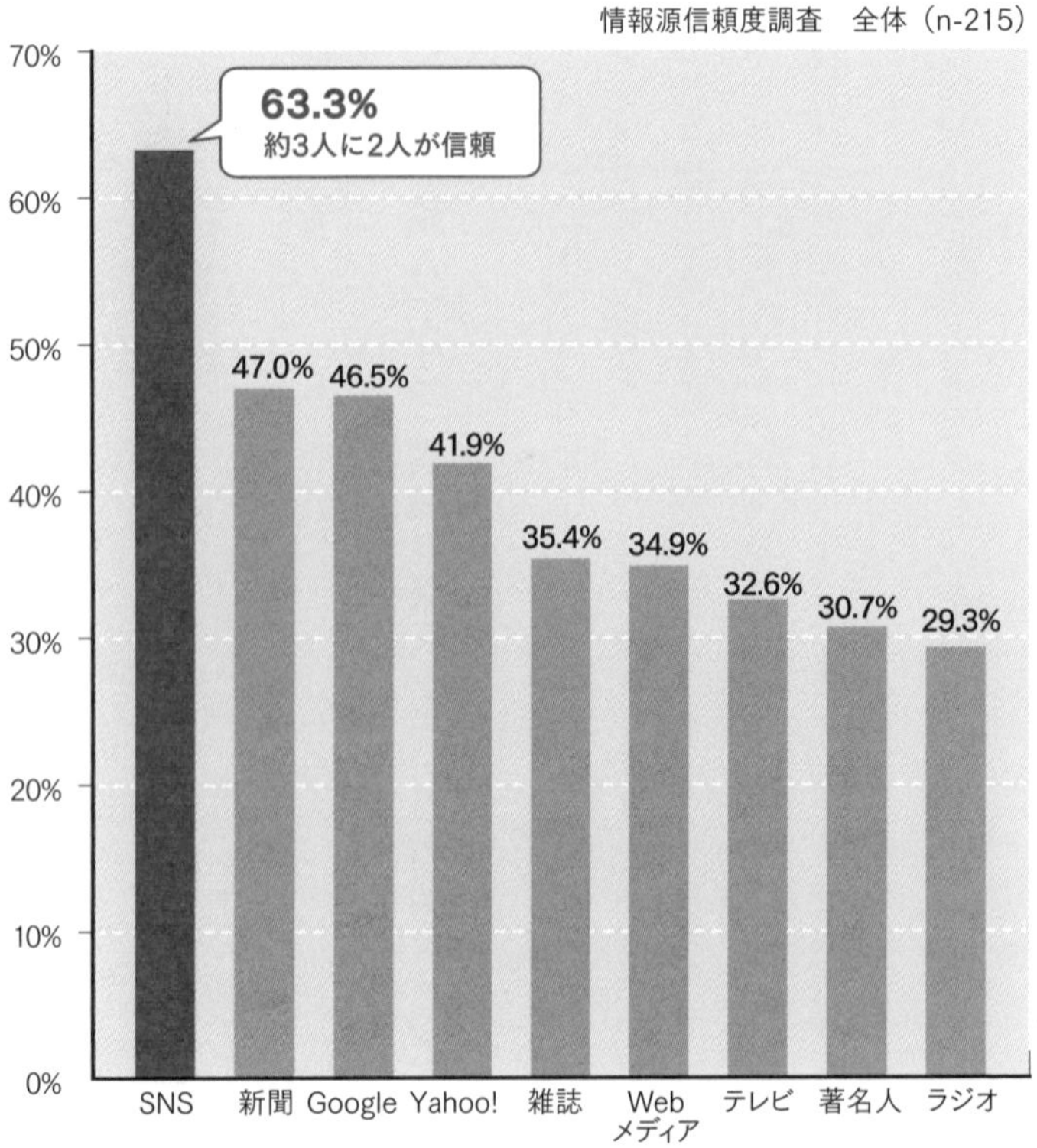

出所　リデル株式会社「20～30代男女における情報との関わり方」
https://prtimes.jp/main/html/rd/p/000000202.000011944.html

32％程度にとどまりました。

ひと昔前までは「知る」ことが「購入」に直結していて、「テレビでよく見る有名人の宣伝する青汁だから買う」という人が多くいました。圧倒的に情報が足りない時代では、「宣伝＝購入」という構図が成り立っていたのです。

しかし**いまは「信頼＝購入」という消費マインドができつつあります。そうした状況のなか、これからはインターネットを使った情報発信をしなければモノやサービスが売れない時代へと突入していきます。**

インターネットから情報を得ている割合は、いまは若い世代が多い傾向にありますが、高齢者のスマホ所有率は右肩上がりで増えています。今後、ネットやＳＮＳを使いこなす人がどんどん増えていくことは、想像に難くありません。

情報発信こそが消費者の「信頼」を勝ち取り、情報発信をする人や会社が売れていくという戦いになっていくのです。

モノがあふれる時代の販促キーワードは「指名買い」「コト消費」

もうひとつ、消費者の購買心理の変化について、大切なことがあります。それは、「モノの消費」から「指名買い」「コト消費」に変化したということです。

モノがあまりなかった時代には、商品という「モノ」自体に価値がありました。

1950年代の後半、日本経済の急成長期には、「白黒テレビ」「洗濯機」「冷蔵庫」が〝三種の神器〟と呼ばれて、豊かさや憧れの象徴となっていました。また、1960年代半ばには、「カラーテレビ」「クーラー」「自動車」が新たな三種の神器として売り出され、頭文字をとって「3C」と呼ばれるようになりました。

いずれも当時は高価で、〝所有すること自体〟に価値がある商品だったのです。

ただ「商品が良い」「サービスが良い」だけでは、売れない

しかし、現代ではどれも持っていて当たり前になりました。いまは当時の三種の神器のように、ほとんどの人が「どうしても手に入れたい」と切望しているものは、あまりありません。モノ自体の価値が下がっているともいえます。

いま求められているのは、モノではなく「あのお店から購入したい」「商品の裏側にあるストーリーが欲しい」といった心の充実です。これを「コト消費」とか「指名買い」といいます。

例えば、私がコンサルティングをしている国内のとある爬《は》虫《ちゅう》類《るい》専門店は、Twitterやでの発信を通して、多くのファンを獲得しています。

「いつも情報を発信してくれている、顔の見える店長がいるこのお店から買いたい」

「YouTubeでいつも観ている爬虫類に愛着が湧いて買いたくなった」

「しっかりと爬虫類の種類やいままでの歴史を紹介してくれて、よりいっそう購入する気持ちが強くなった」

爬虫類ショップは無数にありますが、お客さんはこうした気持ちからファンになるようです。そこには、**商品だけでなく、商品を売る人やその裏側にあるストーリーを重視する**という購買心理が働いています。これは、現代ならではの現象です。

別の事例を挙げると、〝こんまり〟こと近藤麻理恵さんの書籍『人生がときめく片づけの魔法』が、世界40カ国で累計1000万部超えと、記録的な大ヒットを果たしました。これは「モノを所有するのではなく、整理したり、断捨離したりすることにより人生が好転する」という思想に基づいていると言えます。

まさにこのことは、**「モノ」から「心」への価値変化**を表しており、現代の消費者マインドを捉えていく大きなヒントになります。

こうした流れは、言い換えると、**「いまやただ単に商品が良いだけでは売れない時代に突入している」**ということです。商品を手に入れるだけではなく、**それを手に入れることで「どんな体験を得られるか」「どんな繋がりが生まれているか」**を知ってもらい、**初めて売れる時代**なのです。

動画の何がそんなにすごいのか？

最初にお伝えした通り、ＹｏｕＴｕｂｅ市場はまだまだ発展途上です。そもそも、世の中全体に出回っている「動画コンテンツの量」自体が、あまり多くありません。

インターネット上には無数のコンテンツが存在しますが、ブログや写真などを中心とした「テキストコンテンツ」と、ＹｏｕＴｕｂｅなどの「動画コンテンツ」に分けると、両者の投稿数・発信数には圧倒的な差があるのです。

現在どのジャンル・テーマにおいても、テキストコンテンツの量を１００とすると、動画コンテンツは1～10程度しかなく、そこには10～１００倍の差があります。

例えば、いまＧｏｏｇｌｅの検索エンジン上で「確定申告　方法」と検索をかけたら、約４５８０万件のテキストコンテンツがヒットします（２０２1年9月時点）。そのうち、動画コンテンツはわずか44・7万件ほど（Ｇｏｏｇｌｅの動画コンテンツタブで確認）。約１００倍ものコンテンツ量の差があるのです。

動画コンテンツはなぜ伝わりやすいのか

また、「1分の動画で伝えられる情報量は、LP100ページ相当」という話をしましたが、静止画の情報量との違いについて、より具体的な例を挙げたいと思います。

ここでちょっと、テレビ通販を想像してみてください。

有名なところで「ジャパネットたかた」があります。汚れがよく落ちる家庭用食器洗剤や、ジェットホース、枝切りバサミなど様々な商品が紹介されますが、番組を見ているとつい買ってしまいたくなるという人も多いのではないでしょうか。

例えば、家庭用食器洗剤を購入するにあたって、ホームページに綺麗な写真が1つ掲載されているのと、通販番組でその洗剤を実際に使い、油でギトギトのお皿がさっぱりと洗われてツルツルになる映像を見せられるのとでは、どう違うでしょうか。

動画だとグッと伝わるものがあり、使用のイメージや効果が連想されて、ただテキストや写真が掲載されたホームページの何倍も、その商品を「買ってみたい気持ち」にさせられるのではないかと思います。「Webサイトやブログなどで情報を発信していくよりも、動画だとはるかに情報が伝わりやすい」のです。

そして、動画を活用することで、（自社で売っている）商品やサービスがより深く、素早く伝わるという側面に加えて、**「人間が伝わってくる」**という効果も期待できます。

企業のＷｅｂサイトによくある「会社案内」の〝代表者挨拶〟を思い浮かべてみてください。そこに「近年の経済状況は新型コロナ禍の影響により…」などと文章で長々と書いてあるとします。

それよりも、ＹｏｕＴｕｂｅ動画で社長が話している様子が３分程度、ホームページに埋めこまれていた方が、ユーザー側にとっては何倍も親近感が増し、好感度も高まって、伝えたいこともしっかり伝わるのではないでしょうか。

動画にはそうした特長があり、これを誰でも発信できるＹｏｕＴｕｂｅで行えば、広く多くの人に情報を頒布できるというわけです。

「ザイオンス効果」で依頼が増加

実際、私のクライアントはその効果を実感されています。

個人で活動しているある税理士さんは、「わかりやすい節税対策」や「確定申告の方法」「ビジネスと税金まわりの情報」などを、２年ほど前からＹｏｕＴｕｂｅで発信しはじめました。

最初は動画の撮影や編集などに手こずっていた様子でしたが、2～3カ月もすると、スムーズに動画をアップできるようになっていました。いまでは、チャンネル登録者数が2万人を超え、「私の会社を見てほしい」というコンサルティングの依頼が、毎月10件以上もコンスタントに入ってくるようになりました。

お客さんに依頼した理由を聞いてみると、やはりYouTubeで毎日、税金まわりのテクニックなどを聞いているうちに、親近感が湧いて「この人にお願いしたい」という気持ちが生じてきたそうです。

そうした顧客心理は、マーケティングの世界では「ザイオンス効果」という名前がついています。「人は接触頻度が多くなればなるほど、その対象に対して親近感を持つ」という効果のことです。

その税理士さんは、「毎日動画で観ているうちに、まるで昔からその人を知っているかのような効果」が得られたわけです。

高齢者層もスマホを使いこなし、YouTubeを楽しんでいる

YouTubeというと年齢層の高い人はあまり観ないイメージもあるかもしれませんが、現代では50～70代の方々も積極的にYouTubeで動画を視聴しています。

その理由として挙げられるのが、「文字の読みづらさ」です。これまで主流だったパソコンのブログやWebサイトなどの文章（テキスト）コンテンツは、その年代の方たちにとって、文字が小さく読みづらかったのです。

しかし、YouTubeであれば動画や音声で情報を伝えられ、テレビ感覚で観ることができます。

先日、私のクライアントである企業の70歳の社長と話していたときに、こんなことをおっしゃっていました。「正月に孫が帰ってくるから、お餅の焼き方を調べようと思ったんだけど、今は完全にYouTubeで調べてるよ」と。

あなたのまわりにいる年配の方にも、そうした使い方をしている方がいるはずです。

YouTubeはどの世代でも９割の認知率

性年代別YouTube利用率

[調査対象：全国・15～79歳男女・スマホ・ケータイ所有者対象・複数回答・n=8,249]

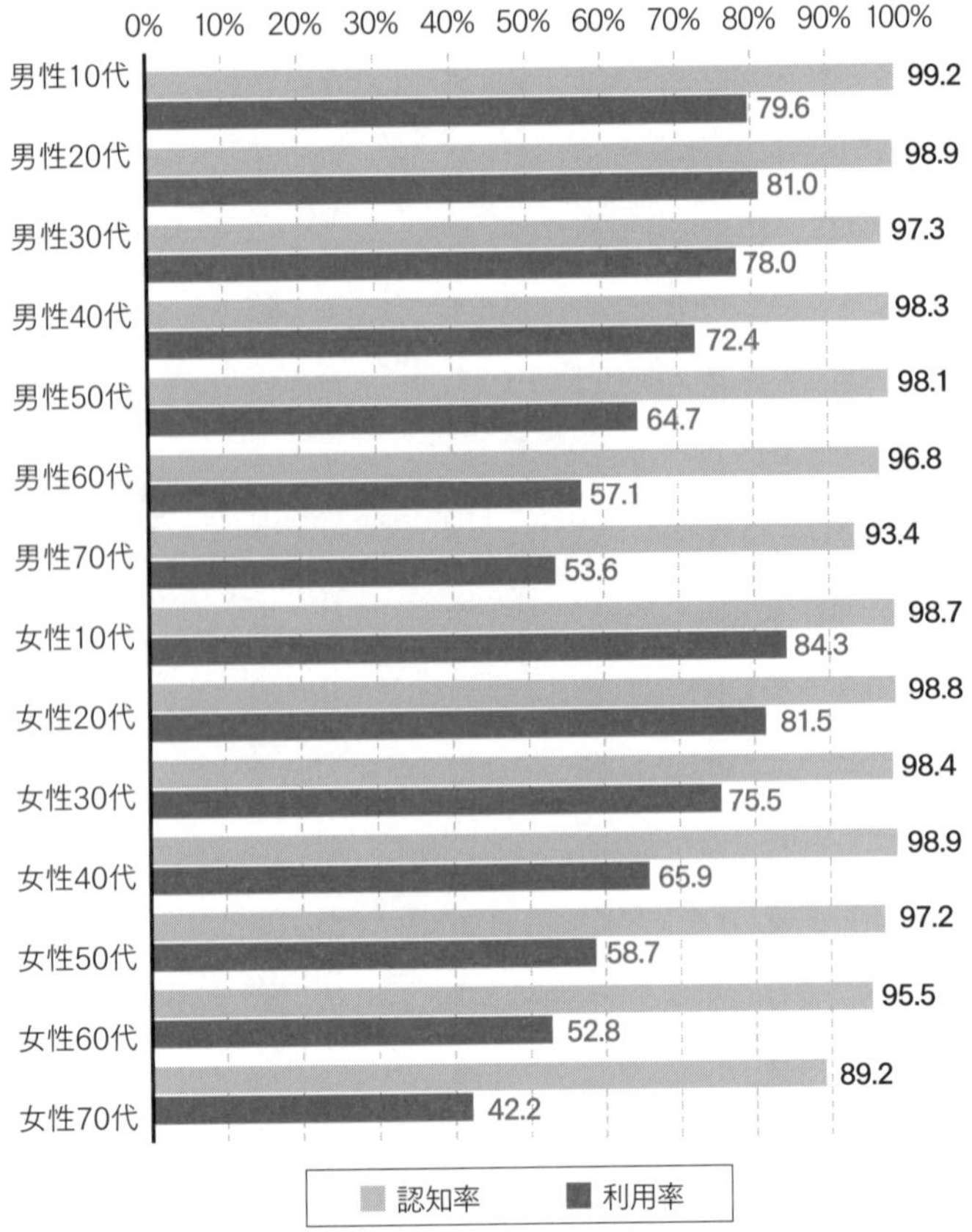

出所　モバイル社会研究所「2021 年一般向けモバイル動向調査」をもとに作成
https://www.moba-ken.jp/project/movie/mov20210609.html

高齢者層のスマホ保有率が高まっている

事実、総務省のデータではスマートフォンの世帯保有率が２０２０（令和２）年は86・8％にのぼり、年代別だと50代は85・9％、60代は67・4％、70代でも38・3％となっています。

また、情報通信機器の世帯保有率の推移としては、２０１７年あたりからパソコンを抜いてスマホの保有率が目立ってきました。ずっと右肩上がりで伸びており、この先さらに増えていくことは間違いないでしょう。

多くの方が実感しているかと思いますが、電車に乗れば9割以上の方がスマホを操作し、ＳＮＳや動画視聴、ゲームや情報収集を楽しんでいます。これは20年前には考えられなかった光景ではないでしょうか。

私の知人の経営者の中には、もはや仕事はスマホひとつで完結しているという人もいます。クライアントや社員との連絡手段はＬＩＮＥで、そして会議はオンライン会議ツールのＺｏｏｍをスマホに入れ、スケジュール管理はアプリで、銀行の支払いや決済などもスマホで完結させているといいます。

年齢階級別モバイル端末の保有状況（令和２年）

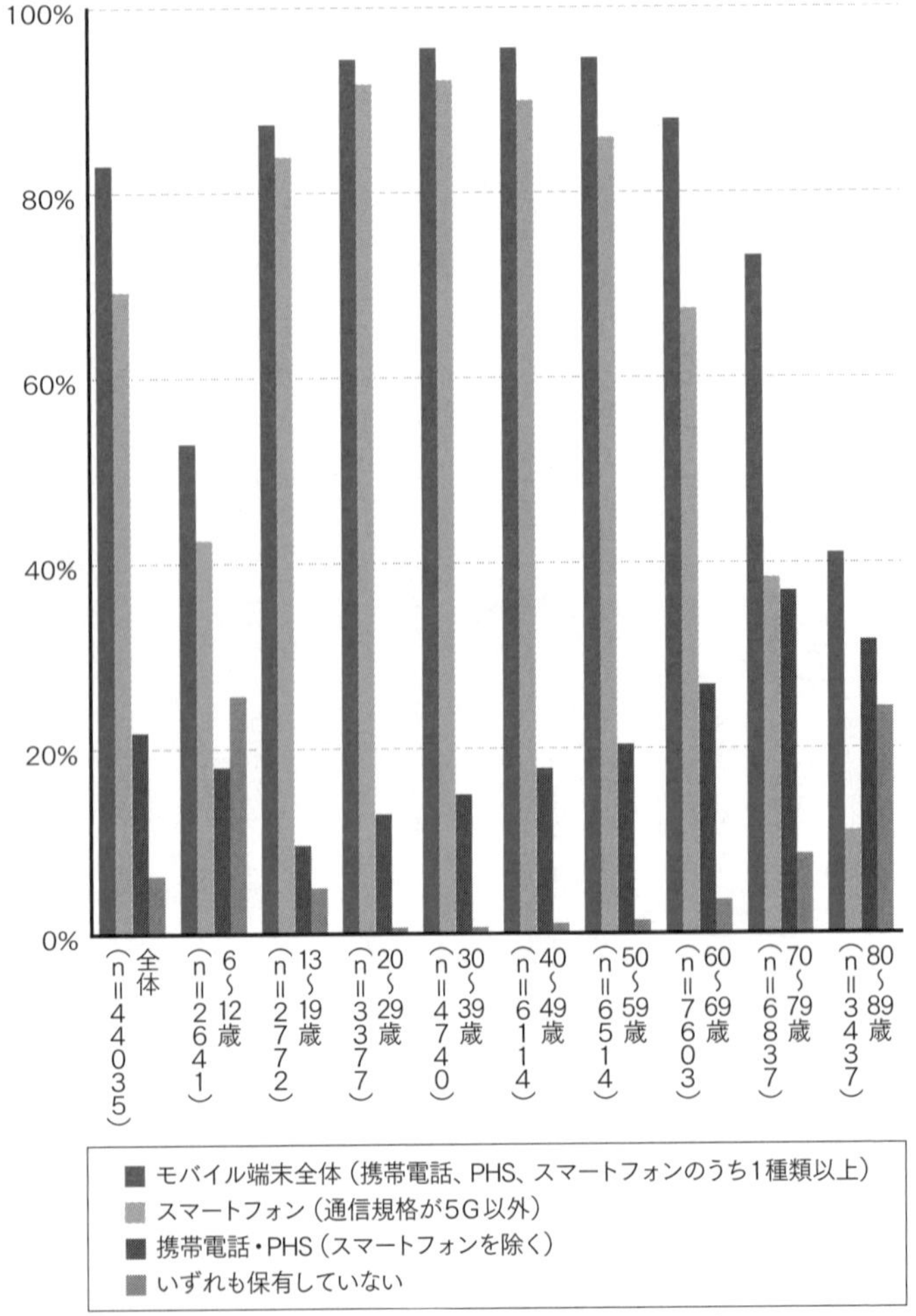

（注）無回答を含む

出所　総務省「令和２年通信利用動向調査の結果」をもとに作成
https://www.soumu.go.jp/johotsusintokei/statistics/data/210618_1.pdf

そして、仕事だけでなく、空きの時間を一番埋めてくれる手軽なツールもスマホです。朝起きてコーヒーを飲みながら、通勤・通学の合間に、昼休みのちょっとした時間に、寝る前の時間に――そんなスキマ時間にスマホでSNSを閲覧したり、調べ物をしたり、YouTubeで動画を観たりと、1日をスマホとともに過ごす人が圧倒的多数です。

いまやスマホは、ラジオになり、本になり、ゲーム機になり、パソコンになり、辞典になり、すべての機能を兼ね備えているのです。

それに伴い、動画広告市場も年々倍々ゲームに近い勢いで増加しています。次ページの表は動画広告市場規模推移・予測のデータですが、2018年と2023年の比較では、3倍近くまで動画市場の成長が見込まれ、特にスマートフォンでの成長は顕著です。

どんどん人が動画、特にスマホでの動画視聴に入っていき、その分、閲覧量を原動力とする広告も増えていく。今後10年で、この動画市場はさらに10倍にも増えていくとも言われています。

動画広告市場規模推計・予測（デバイス別）［2018-2023年］

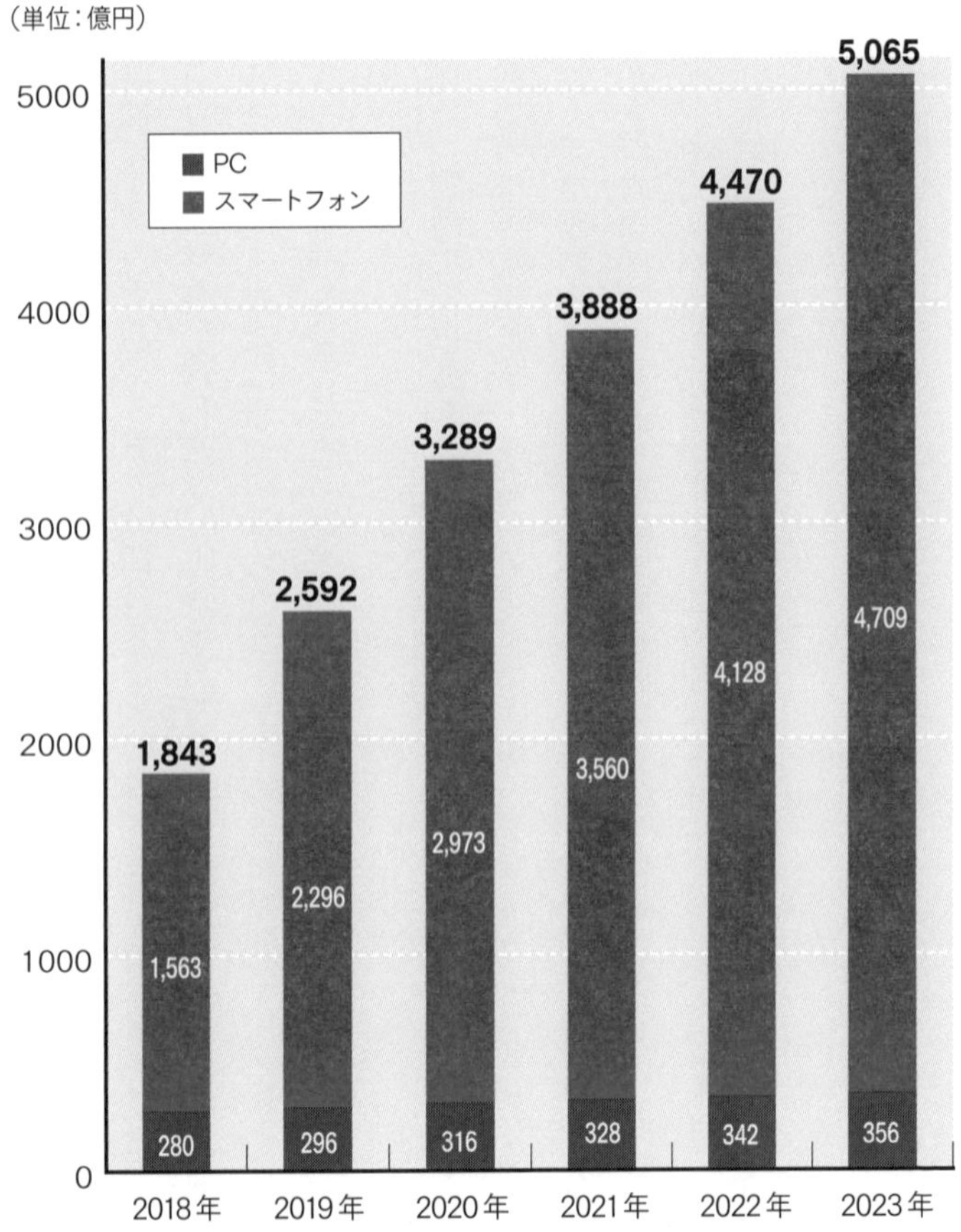

出所　オンラインビデオ総研／デジタルインファクト調べ「国内動画広告の市場調査」をもとに作成
https://www.cyberagent.co.jp/news/detail/id=24125

ねらうべきは「検索ハウツーコンテンツ」というジャンル

いかにYouTubeという媒体が活況で、時代的にもいまはまだ有利（ブルーオーシャン）ということがわかったかと思います。

じゃあ自分も番組を作ろうと、著名なユーチューバーに倣《なら》って「スライム風呂に入ってみた」とか「ウーバーイーツ買い占めてみた」といった、エンタメ系のコンテンツを発信していくべきでしょうか。

もちろん、そんな必要はありません。あなたがやるべきことは、「自分のビジネスに繋がるお客様への情報提供」であり、「信頼に繋がる発信」です。くれぐれもエンタメ路線に走らないでほしいと思います。

特に昨今は、コロナ禍で広告やテレビ番組などの撮影が延期となった影響もあり、芸能関係者が次々とYouTubeに進出してきました。有名な芸能人や文化人、スポーツ選手や「インフルエンサー」と呼ばれるような人たちは、すでに知名度や影響力を持っています。

なので、YouTubeを始めたばかりでも、すぐにフォロワーがつきやすい傾向にあります。

また、そういった人たちは人前に出ることに慣れていて、トーク力が高く、人々を楽しませるツボを押さえているので、間違いなく一般人よりも「エンタメ向き」です。

したがって、一般の人はわざわざその市場で戦うべきではありません。そこはレッドオーシャン（競争の激しい市場）です。よほどの特異性がない限り、エンタメ系コンテンツを発信しても彼らに勝てないどころか、本業のビジネスには繋がりにくいと考えたほうがいいでしょう。

YouTubeで学んで五輪のメダリストに!?

では、ビジネスを加速していきたい人はどういったコンテンツを発信していけばいいのかというと、最初に少し触れた「検索ハウツーコンテンツ」という市場です。

「週末に出かけたとき、お茶するお店を探したい」とか、「急に腰が痛くなって困った」という場合、多くの人がGoogleやYahoo!などの検索窓に「カフェ　渋谷　オススメ」「腰痛　直し方」などと入れて、検索していると思います。

これが、コンテンツのネタになるのです。そうした検索ネタは、いまやYouTubeの検索窓でも同じように検索されています。

YouTubeはエンタメ系に限らず、実用的なコンテンツでも発展を遂げており、家具の組み立て方から、家庭菜園の方法、トイレの黒ずみの取り方、洗顔フォームの使い方、歯の黄ばみ取りの方法、美味しいプリンの作り方まで、教えてくれるのです。

驚くことに、YouTubeで「寿司の握り方」を学んで実際に店を出してしまった板前さんや、槍《やり》投げの方法をYouTubeで学んで、オリンピックの銀メダリストになってしまったケニアの選手も実在します。

知りたいことを「いつでも観られる」という圧倒的利便性

YouTubeでは、1分であろうと1時間であろうと、コンテンツの長さを自由に調整してアップロード可能できるのも魅力的な点です。これがテレビ番組だったら、予算をたっぷりかけて様々なセットを用意し、最低でも10分くらいの長さのコンテンツを用意しなければなりません。

そして何より、テレビとは違って即時性のニーズに優れている、つまり「いつでも観たいものを観られる」というのがYouTubeの素晴らしいところです。

従来のテレビ番組では、放映時間に合わせて観なくてはなりませんでしたが、YouTubeなら、検索窓に指定のキーワードを入力すれば、すぐに目的の動画を見つけることができます。

いわば〝動画版のWikipedia〟的なプラットフォームとしてメキメキ成長しているのがこのYouTubeなのです。

こうしたニーズを考えれば、例えばあなたが魚屋さんであるならば、「魚の捌《さば》きかた」や「調理の仕方」「家庭でできる料理のノウハウ」といったことを発信すべきです。

一般のユーザーは、そうした情報を求めています。

そのような実用系のコンテンツの視聴者数は、急増はしないかもしれませんし、エンタメ系の数百万再生のコンテンツには及ばないかもしれません。

そうだとしても、気にしないでください。いったんサイト上にアップすれば、（削除しない限り）永続的に検索で引っかかります。

つまり、人々のニーズを半永久的に満たす「ロングテールのコンテンツ」としてWeb上に存在し続けるのです。

私自身、チャンネルを開設したという話をしましたが、いまでもYouTubeのプロデュースやコンサルティングを提供するかたわら、複数のチャンネルを持って動画を投稿しています。そのうちの1つは「就活チャンネル」で、自分自身が以前行っていた「就職活動のコツやノウハウ」を動画にしています。1動画あたり数十万再生の動画もいくつかあります。

また、私のクライアントである中小企業診断士の方は、新型コロナウイルスの期間に国から支給された「特別定額給付金のもらい方」や企業向けの給付金である「持続化給付金の申請方法」などの動画を投稿し、数十万回再生されています。

こんなにもYouTubeでハウツー物のコンテンツが再生されているのは、動画が音声や動く画像によって、物事をわかりやすく伝えられることの現れではないでしょうか。

いずれは動画が検索エンジンのトップに？――Googleの考えていること

インターネットを使いこなし、ビジネスに有利な活用をしていくには、プラットフォーマー（基盤を提供する側の企業）の気持ちを考えなければいけません。この場合は「Googleはどうしてほしいのか？」を考えることが大切です。

結論からいうと、Googleは「YouTubeをたくさん活用してほしい」と思っています。実際Googleでは、YouTubeの動画枠を検索結果のトップに設ける仕組みを取り入れています（2021年現在）。ひと昔前までは、動画のコンテンツが検索で上がってくることはありませんでした。

これは、つまり「我々Googleは今後、さらに動画を検索で重視していきますよ」というメッセージです。

試しに「オムレツ　作り方」とGoogleの検索エンジン上で検索してみると、動画の検索コンテンツが上位に表示されるはずです。

もちろん、他の言葉で検索しても、検索結果の上位にこのような動画コンテンツタブ

Google検索結果の例

が表示されます。そして、その動画の中でも「YouTubeの動画」が多い傾向にあるのです。それはなぜでしょうか。

YouTubeはGoogle傘下のサービスであり、利用者や視聴者が増加しているとお伝えしました。つまり、検索結果の上位に動画コンテンツを（しかもYouTubeコンテンツを多めに）表示することで、多くの人にGoogleのサービスを利用してもらえるというわけです。

また、YouTubeはGoogleの貴重な収益源ですから、そのYouTubeの動画に広告が挿入され、それをユーザーが視聴することで、Googleの売上が向上します。

そういった世界最大手の検索エンジンであるGoogleの思惑もあり、今後YouTubeは検索の面でもさらに優遇されていくことになると考えられるのです。

YouTube集客の実例

検索ハウツーコンテンツをビジネスに繋げた例について、もういくつかご紹介したいと思います。

ここでは、YouTube動画をリアル店舗やネットショップへの集客にうまく繋げている例を取り上げます。

「検索ハウツーコンテンツ」を上げて集客した具体例

▶感激安心のお花屋さんゲキハナ（古屋悟司）

「自宅でできる園芸のノウハウ」や「初心者向けの育て方」などについて、社長が個人名でチャンネルを作り、動画で丁寧に、親しみやすく伝えています。

〝ザ・お店〟という見せ方ではなく、花屋の店主が友人に話しかけるような、フランクな言葉遣いや表情で語られているのがポイントです。

感激安心のお花屋さん ゲキハナ

それにより「純粋なファン」として普段から動画を視聴する人が増えていると考えられます。

視聴者から長期的な信頼を得られれば、「今度、普段から見ているこの方のお店から商品を買ってみようかな」という心理作用が働きます。

その結果、動画の説明欄に貼ったＵＲＬなどから、自社やネットショップへの誘導、販売へと繋がります。

▶ 中華一筋

美味しい中華料理や、まかない料理の作り方、スタッフとの掛け合いなどを面白く伝えています。

再生回数４００万回以上の動画が複数ある、

中華一筋

人気チャンネルです。

まず、「食」というジャンルは普遍的に高いニーズがあり、YouTubeでも再生回数が伸びやすい傾向にあります。

その中でもこのチャンネルが注目を集めている原因としては、プロならではのテクニックや調味料、器具の見せ方、料理の豊富なアレンジ、エンタメ要素などが考えられます。「スタッフとの掛け合いが面白く、いつも観ています」というコアなファンを得ており、その結果、説明欄のURLから、シャツやパーカー、コップなどの自社商品や、中華料理のネットショップへの誘導に繋がっています。

スグレモン自動車用品

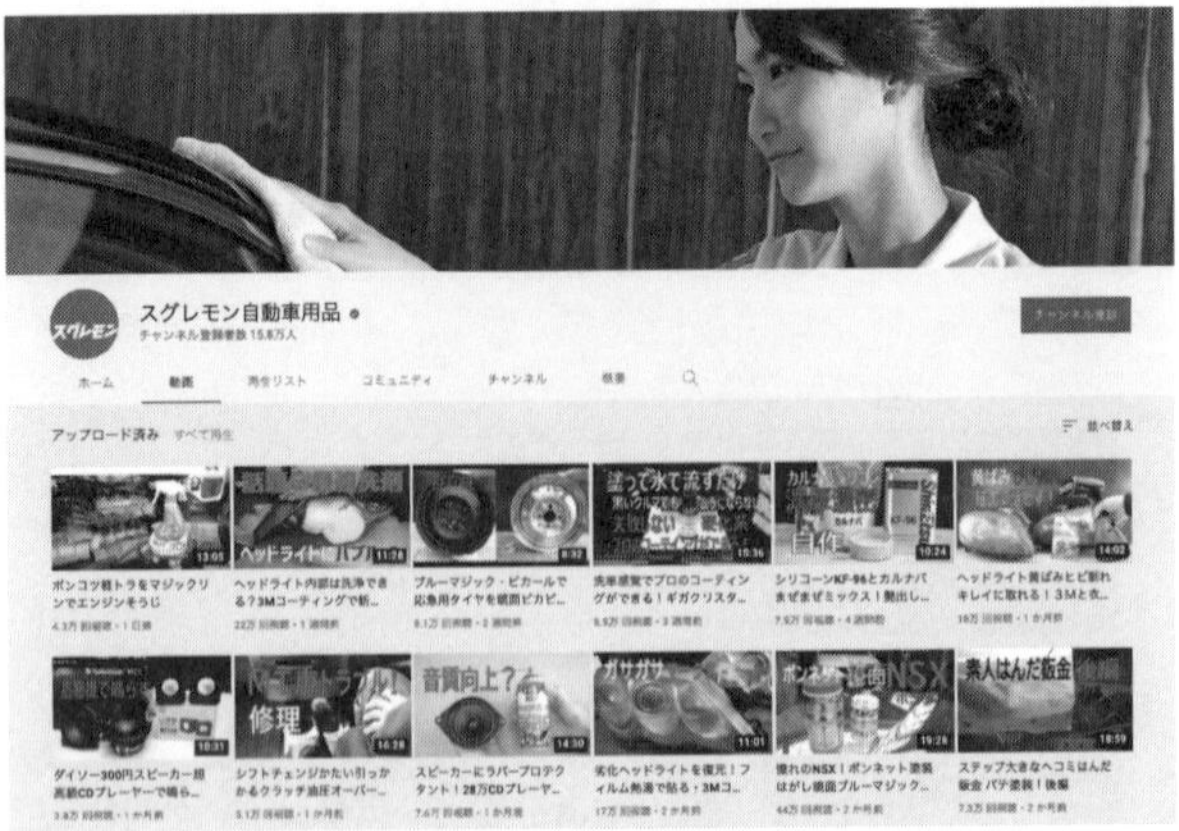

スグレモン自動車用品

自動車に使えるクリーナーや掃除用品など、汚れ落とし系の〝スッキリコンテンツ〟を配信。この会社自身、車のクリーナー関連商品を販売しているのですが、動画内で取り上げている自社商品は少なめです。

こうした「汚れが落ちる系」の動画は、YouTubeならではのニッチなコンテンツと言えるでしょう。古い道具を綺麗にしたり、虫歯を治療したり、耳掃除をしたり、視聴者が「綺麗になってスッキリした！」と感じるようなコンテンツは、動画で観るとクセになるものがあるようです。

視聴者は「使える商品が紹介されている」という流れ、感覚で見ることができるので、「商品の宣伝を見せられている」というネガ

魚屋の森さん

ティブな印象を持たれにくいのです。

魚屋の森さん

若くて元気のある鮮魚店の二代目〝森さん〟が、魚の捌き方や、自身で作るまかないなどの動画をアップしています。森さんの〝キャラが立っている〟のが特徴です。「飾らない、ほんわかした雰囲気、笑顔が素敵」といったところが好評で、固定ファンを獲得。「魚屋にこんな人がいるんだ！」というギャップとも相まって、視聴者数を急激に伸ばしています。

結果的に、動画説明欄からの居酒屋への集客、自社の魚介類のネットショップに誘導ができているようです。

中国に見る「ライブコマース」という さらなる可能性

YouTubeには、単なる情報発信にとどまらず、「ライブコマース」としても活用できるという特長があります。

ライブコマースとは「オンライン販売（ECサイト）」と「ライブ配信」を組み合わせた販売形態のことです。消費者がリアルタイムで商品に対する質問やコメントをしたり、販売者がそれに答えたりして、双方向でコミュニケーションをとりながら買い物、販売ができます。

近年では大手企業も、このライブコマースを取り入れており、食品・小売は三越伊勢丹、化粧品・コスメは資生堂、アパレルはベイクルーズやシップスなどが参入しています。

これまでのEC（オンライン販売）では、お客さんがリアルタイムで商品への質問などをしながら買い物をするというのは不可能でした。ECサイトに陳列されている商品やサイズ、カラーバリエーションを、写真とテキストの情報を頼りに購入するまでに留まっていました。少し進んでいる企業でも、チャット機能などが限界でした。

しかし、ライブコマースによって、「より精度の高いお買い物体験」を届けることが可能になったのです。お客さん側としては、静止画やテキストだけでは感じられなかった商品の使用感がわかりやすく、詳しい情報を得られます。

日本でもライブコマースの動きが盛んになっている

このライブコマースは、世界各国で取り入れられ、近年のブームになっています。

例えば中国では、世界でも最も盛んにライブコマースが利用されており、もはや日常のワンシーンとなっています。目的の多くは販売商品のＰＲで、インフルエンサーと呼ばれる人（ＳＮＳで著名なタレント）によってライブ配信されるケースが主流です。

企業のコンサルティングなどを手がけるデロイトの統計データによると、２０１８年時点での中国におけるライブコマース市場は約44億ドル。前年比１３２％という伸び率で、推定視聴者数は４億５６００万人、毎日４０００以上のアカウントが計15万時間以上のコンテンツを配信する市場となっているのです。

中国国内のライブコマースのうち、売れ筋のカテゴリーはファッション・美容関連、生鮮食品などのジャンルです。

中国で最も使用されているECプラットフォームの「淘宝《タオバオ》」も、ライブコマースを導入しており、60万以上ものアイテムをライブコマースで購入することができます。

一方、**日本でのライブコマースは、まだまだブルーオーシャンの市場です。**２０１７年頃からライブコマースという言葉が浸透しはじめたという程度です。

しかし、２０２０年のコロナ禍のあおりを受け、非接触・非対面形式の販売の流れが、日本でも盛んになってきました。その流れから、政府としても、持続化補助金やＩＴ導入補助金などを用意し、コロナ禍の影響を鑑みた非接触・非対面の販売ができるＩＴプラットフォーム、ＥＣ構築を、積極的に支援をする動きを見せています。

第2章

意外と知らない！
YouTube攻略のキホン

そもそもYouTubeとは何か

新しいツールを取り入れるとき、それについてよく知ることは、ビジネスを成功させる条件のひとつです。そこで本章では、YouTubeの成り立ちや仕組みについて、見ていきたいと思います。

いまや多くの人に親しまれるYouTubeは、2005年にアメリカで誕生しました。創業者は、元PayPalの社員であったチャド・ハーリー、スティーブ・チェン、ジョード・カリムです。

このサービスを着想したきっかけについて、ジョード・カリム氏は、2004年にジャネット・ジャクソンが起こした、第38回スーパーボウルでのハプニングや、同年に発生したスマトラ島沖地震の動画を、事件後にインターネットで検索しても見つからなかったことだったと言います。

有名な話ですが、YouTubeに初めてアップロードされたのは、カリム氏が動物園の象の前にいる動画で、いまでも閲覧することができます（https://youtu.be/jNQXAC

9IVRw)。

その後ＹｏｕＴｕｂｅは、２００６年にＧｏｏｇｌｅに16・5億ドルで買収され、現在はＧｏｏｇｌｅの子会社の１つとして運営されています。そしていまやＹｏｕＴｕｂｅ上には、毎分５００時間以上もの動画がアップロードされているのです。

あらゆる人にチャンスの扉が開かれている

ＹｏｕＴｕｂｅの特徴は、**力や経済力の有無に関係なく、すべての人にチャンスが与えられている**ことです。誰もが動画を閲覧するだけでなく、評価やコメント、そしてアップロードをすることができます。

まさに、これまで発見されてこなかった個人やビジネス、コンテンツにとって、希望のあるプラットフォームとなっています。**お金がなくても、人が全くいない片田舎に住んでいても、人と話すのが苦手でも、誰でも簡単にインターネットを介してコンテンツをアップロードすることができる**のです。

その証拠に、ＹｏｕＴｕｂｅの公式ページにはこう書かれています。

「ＹｏｕＴｕｂｅの使命は、表現する場所をあらゆる人に提供し、その声を世界中に届けることです。ＹｏｕＴｕｂｅは、人々が自らのストーリーを発信し、コミュニティを共有、形成するための助けになりたいと考えています。」

（引用 https://creatoracademy.YouTube.com/page/course/nonprofits）

また、ＹｏｕＴｕｂｅは価値観として、次に示す４つの自由を掲げています。

（引用 https://creatoracademy.YouTube.com/page/lesson/jumpstart?hl=ja#strategies-zippy-link-1）

- **表現の自由**
- **情報にアクセスする自由**
- **機会を得る自由**
- **参加する自由**

つまり、ＹｏｕＴｕｂｅとは、ビジネスを通じて、あるいは多くの個人が平等に自由に発言し、情報や機会を得、コミュニティや新たな世界に踏み出していくためのきっかけとなるような場所だと言えるのです。

YouTubeはなぜ「Googleビデオ」に勝ったのか？

そもそも、GoogleはなぜYouTubeを買収したのでしょうか。

皆さん、もうおわかりですね。そう、これから動画がますます主流の時代になってくるということをGoogleが認知し、その世界を実現するためです。

GoogleがYouTubeを買収する前の2005年、実はGoogleはYouTubeのような動画プラットフォーム「Googleビデオ」を開発していました。

そのGoogleビデオが目指していたところは、オンラインで映画やドラマを配信するためにハリウッドスタジオと契約することでした。

当時、Googleはそれらの商業ビデオを配信するために、各種コンテンツメーカーと交渉を始めていましたが、それと並行して「ユーザー自身も投稿ができる」という機能を付けていました。つまり、「プロが作った商業コンテンツ」と、「一般ユーザーが作ったコンテンツ」が混合しているような状態でした。

意図せず、結果として面白いことが起きました。**Googleが苦労してライセンス**

を獲得した「プロが作った商業コンテンツ」ではなく、「素人が作った一般動画」の方がはるかに再生回数が多く、人気となったのです。

Ｇｏｏｇｌｅビデオで最初に〝視聴回数１００万回〟を達成したのは、中国人の大学生２人が広州美術学院の寮で、バックストリート・ボーイズの曲を口パクして熱唱している動画でした。

こうした初期の動向を踏まえ、ＹｏｕＴｕｂｅは完全に素人が投稿するプラットフォームとして舵を切ります。プロではなく一般ユーザーが作るコンテンツの方が断然、可能性があることをＧｏｏｇｌｅは察していたのです。

その結果Ｇｏｏｇｌｅは、２００６年にＹｏｕＴｕｂｅを自社の過去最高額である16億５０００万ドルで買収し、このプラットフォームを一新して、ＧｏｏｇｌｅビデオをＹｏｕＴｕｂｅへと移行させました。

そしていままでは、先述したように一般人の動画、特にハウツーコンテンツは、人々の検索ニーズを満たすだけではなく、世界的なプラットフォーマーであるＧｏｏｇｌｅという検索エンジンの、次なる一手として大きく成長しているのです。

Ｇｏｏｇｌｅは、こうした動画コンテンツ主流の時代と、自社で持つ圧倒的な検索エンジンとの親和性を先読みしていたというわけです。

YouTubeは〝Googleが所有するテレビ局〟

YouTubeを攻略して味方につけ、自社や商品のファンを作るには、YouTubeという媒体の考えていること、特に「YouTubeは何をしてほしいのか」を捉えなくてはなりません。

結論から言えば、**「YouTubeはGoogleが所有するテレビ局」と考えると、格段に攻略しやすくなります。YouTubeは、クライアントからの広告出稿によりビジネスモデルが成り立っているのです。**

YouTube上の動画は無料で視聴できる代わりに、動画の最初や途中に広告動画やバナー（リンク付きの画像）が表示されるようになっています。企業などクライアントは、YouTube側からこの広告枠を購入し、広告費を支払っています。

テレビ局のビジネスも同様です。番組の間に挿入されるCMを企業に買ってもらうこと、つまり広告費、スポンサー費用によって成り立っています。面白い番組を作るテレビ局や、視聴率が高い番組には、必然的に多くの視聴者が訪れます。

「人気番組にCMを流したい」と思うのが、スポンサーの心理で、これはYouTubeにも同じことが言えます。YouTubeは、あなたが広告を自分で挿入するかどうかによらず、あなたのチャンネル・番組が「広告を挿入するために価値があるかどうか」を常に判断しています。

ですから、あまり視聴者を楽しませられていないチャンネルや、数カ月更新のないチャンネルには、YouTube側も評価を落としているのです。

その逆に、しっかり定期的に動画をアップしているチャンネルや、視聴者が離脱せずに動画を閲覧しているチャンネルは、「YouTubeのおすすめ」として積極的に押し出してくれます。YouTube側としても、「人気の番組になり得るポテンシャル」をしっかり評価しているのです。

YouTubeを攻略するからといって、取り立てて新しい考え方を持つ必要はなく、「自分がお金を出す企業のスポンサーだとしたら、どういう番組を作っていると広告を出稿したくなるのか？」という視点を持っていると答えがおのずと見えてくるでしょう。

そうすれば、細かいYouTubeのアルゴリズムの攻略や、動画の形式、長さはどうすればいいのかといった、本質的ではない問題にとらわれずに済むようになります。

人はどこからYouTubeにたどり着くのか——「流入経路」の話

とはいっても、アルゴリズムについては押さえておいた方がいいこともあるので、簡単にご紹介します。

インターネット上のプラットフォームを動かしている情報処理の仕組みを「アルゴリズム」といいます。ここでは、「YouTubeがどのような動画を誰に出しているか」という仕組みについて言及します（以下アルゴリズムと表記）。

ビジネスをしていく上で考えるべきなのが、「YouTubeの視聴者がどこから動画を見つけてくるか」という「流入経路」です。

あなたがYouTube上で動画を視聴するときのことを思い浮かべてみてください。様々な経路からYouTube視聴に至っているかと思います。検索結果の上のほうに表示されたものをなんとなく観る場合や、あるいは、よく視聴するチャンネルの「関連動画」や「おすすめ」として表示された動画が気になって観るケースなどがあると思います。

関連動画やおすすめとして何が表示されるかは、視聴者によって異なります（詳しくは後述します）。そこには基本的なアルゴリズムが働いているのですが、まず押さえておきたいのは、**アルゴリズムは「人が作っている」**ということです。

YouTubeの場合、その運営主体であるGoogleが作っているわけですが、ではGoogleは何を考えているのでしょうか。難しい話を抜きにして一言でいうと、**「たくさんYouTubeを観てほしい」**と思っています。ですから、人々がたくさんYouTubeを観るようなプログラムを設計しているのです。

「なんとなくYouTubeを眺めていたら、1～2時間経っていた」という経験はありませんか？　それは、Googleが日々考えて精度を上げている、アルゴリズムによる仕業です。

人々が動画視聴に至る経路とは

それでは、多くの視聴者はYouTube上の動画をどこから発見して閲覧しているのでしょうか。Google検索による流入以外には、主要な経路として次のようなものがあります（微細な流入数のものは割愛します）。

▶YouTube検索

YouTube検索窓での検索です。「肉じゃが　レシピ」などと検索したときに一覧で出てきます。

▶ブラウジング機能

YouTubeからの「おすすめ表示」での流入。YouTubeのトップページなどに、「あなたへのおすすめ」として表示される動画です。

▶関連動画

他の動画の「関連動画」表示からの流入です。動画を視聴していると、パソコンなら動画の右横、スマートフォンなら動画の下側に一覧で表示される「視聴動画に関連した属性の動画」のことです。

▶チャンネルページ

人々があなたの「YouTubeチャンネルページ」を訪れ、そこから動画を視聴するという経路です。

▶終了画面

動画の最後の画面で、あなたに合った動画や特定の動画が表示されるかと思います。そこからの流入です。

▶外部

ＹｏｕＴｕｂｅのＵＲＬリンクがＳＮＳ上でシェアされて視聴者が閲覧したり、あるいは、ホームページなどに埋め込まれた動画からの流入です。

▶再生リスト

ＹｏｕＴｕｂｅには、自分のチャンネルの動画をテーマごとにまとめられる「再生リスト」という機能があります。そのリストからの流入です（設定はＹｏｕＴｕｂｅ Ｓｔｕｄｉｏから行うことができます）。

自分の動画を効果的に見つけてもらうには？

視聴する側の流入経路がわかったところで、今度はあなたが**YouTubeを発信する側として、「どうやって自分の動画を効果的に見つけてもらうか？」**という話をしたいと思います。

結論をいうと、「YouTubeからのおすすめ」を攻略することが大事です。先述の流入経路でいえば、「ブラウジング機能」と「関連動画」です。この2つからの流入に乗れるコンテンツ作りを目指しましょう。

YouTube上で再生回数の多い動画の流入経路は、まとめると次の3つです。

- **ブラウジング（「YouTubeトップのおすすめ」）**
- **関連動画からの流入**
- **YouTube検索からの流入**

再生回数が多い、つまりヒットしたり、伸びたりする動画の流入経路がこのような結果となるのはなぜだと思いますか？

「YouTubeはGoogleのテレビ局」という話を思い出してください。「クライアントの広告出稿（動画やバナー）でビジネスが成り立っている」というのが、YouTubeの儲けのしくみでした。

ユーザーがYouTubeを観れば観るほど、より多く広告も閲覧されることになります。閲覧回数などの成果報酬型の広告形態をとっているYouTubeにとっては、より多く広告が閲覧されることでより多く広告売上が立つ、すなわち、より多くYouTube（＝Google）の儲けになるのです。

そのため、**YouTubeとしては「何としてでもユーザーをYouTubeの中に留めておき、たくさん動画を観てほしい」**わけです。

そうなったときに、ブラウジング（おすすめ動画）と関連動画というのは、ものすごく効果を発揮します。

「どの番組がおすすめとして表示されるか」は、人によって異なります。

ＹｏｕＴｕｂｅは、ユーザーの「閲覧履歴」「評価（ｇｏｏｄボタンやｂａｄボタン）」「Ｇｏｏｇｌｅ上での検索履歴」などを総合的に判断して、おすすめ動画や関連動画を決めているのです。

例えば、あなたが猫が大好きだとして、ＹｏｕＴｕｂｅ上でたくさん猫の動画を観ていたりすると、あなたのＹｏｕＴｕｂｅトップのおすすめや関連動画に、猫の動画が多くなるよう、ＹｏｕＴｕｂｅのＡＩによってカスタマイズされています。

したがって、ＹｏｕＴｕｂｅを攻略するには、**いかにユーザーの「おすすめ動画と関連動画に乗るような動画を作っていくか」**がポイントになってくるのです。

「おすすめ」

おすすめ＝「あなたへのおすすめ」として表示される動画

「関連動画」

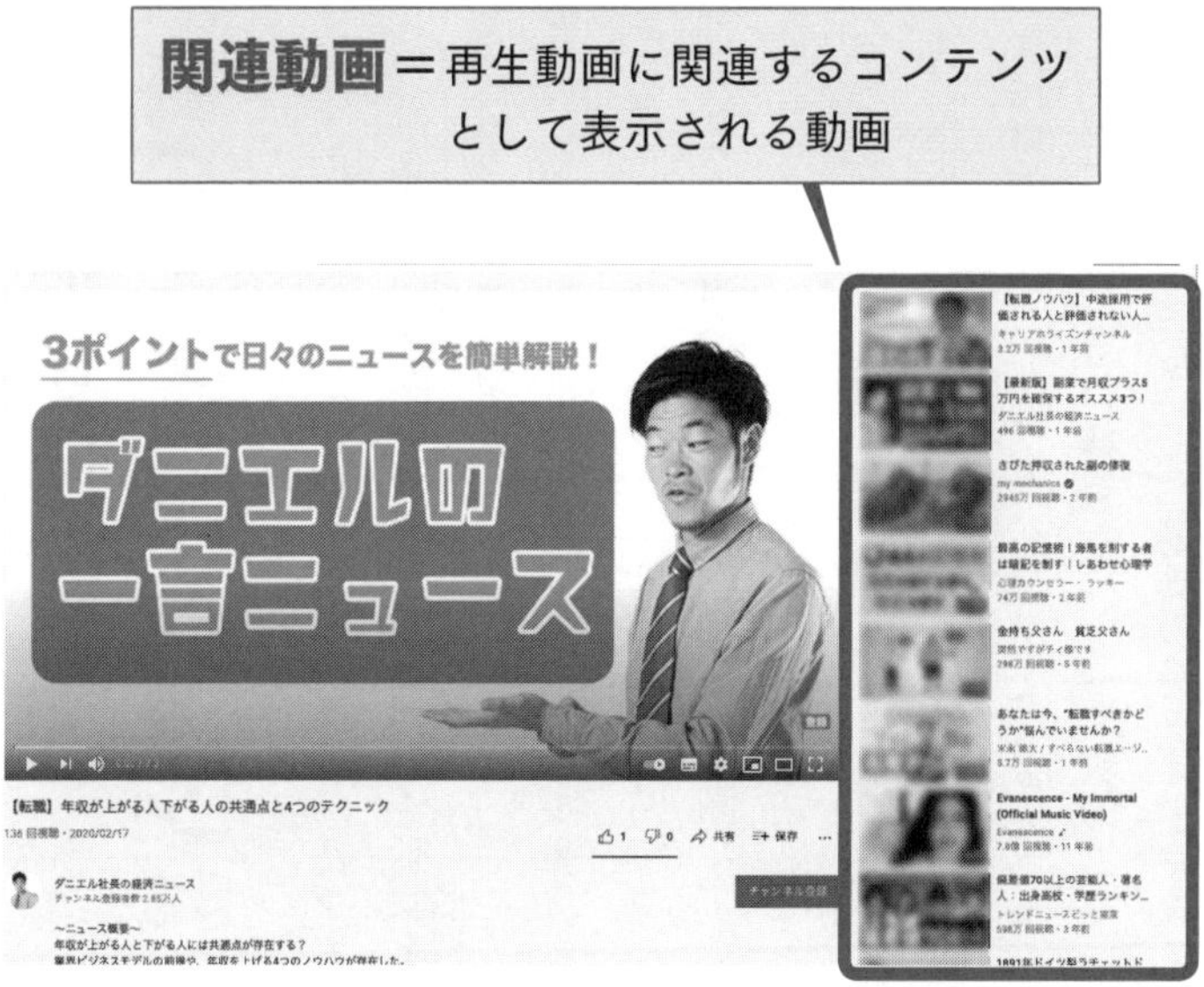
関連動画＝再生動画に関連するコンテンツとして表示される動画
3ポイントで日々のニュースを簡単解説！
ダニエルの一言ニュース
【転職】年収が上がる人下がる人の共通点と4つのテクニック

広告収益化は継続のモチベーションになる

本書でお伝えするYouTube活用の目的はビジネスの窓口、あるいは会社や商品・サービスの潜在的な認知向上ですが、せっかく動画をアップするなら「広告収益」が入るに越したことはありません。

月に少しでも広告収益があると、チャンネル運営を頑張っている〝報い〟を感じやすく、継続するモチベーションにもなるでしょう。

YouTubeの動画発信者は、一定条件を満たすと、自分の動画に広告を挿入することができるようになります。この広告の閲覧効果に応じて、クライアントがYouTubeに支払った広告をシェアするような形で、発信者は収益が得られるのです。

視聴者の属性や広告の種類によって単価が変わりますが、相場としては1再生あたり0.1〜1円ほどの広告収益が、YouTubeから発信者に支払われます。

「ユーチューバー」と言われる人たちは一般的に、この広告収益を得るために動画を作成しており、広告を差し込んだ動画のパフォーマンスに応じて、YouTubeから広告料をもらっているのです。

発信者側としては、「YouTubeという広告プラットフォームを使う側の視点」を持つことが大切です。

もちろん、あなたが広告主となり、自分のチャンネルや商品・サービスの広告を、YouTube上に出稿することも可能です。予算は小額から始めることができ、極端な話5000円でも設定可能です。自社の商品やサービスに合ったフォーマットを選べば、効果的な宣伝をすることができます。

チャンネル登録者数と広告収益の目安

参考値として、チャンネル登録者数と広告収益の目安を紹介します。これはあくまで1つの目安であって、実際はジャンルや投稿頻度によって広告収益の額や桁数が大きく違ったりもします。

また、動画の長さによって、途中でたくさん広告が挿入できる場合は、1再生回数あたりの広告収益も比例して高くなります。

次ページの内容はあくまでも参考値と考えてください。

チャンネル登録者数と広告収益の目安（推計）

登録者	月間再生回数	月間広告収益目安
1000 人	2 万回	2000 〜 6000 円
5000 人	10 万回	1 万〜 3 万円
1 万人	20 万回	2 万〜 6 万円
3 万人	60 万回	6 万〜 18 万円
5 万人	100 万回	10 万〜 30 万円
10 万人	200 万回	40 万〜 60 万円
50 万人	1000 万回	100 万〜 300 万円
100 万人	2000 万回	200 万〜 600 万円

ちなみにチャンネル登録者 900 万人超えのユーチューバー「ヒカキン」と「はじめしゃちょー」の広告収益は、以下のように推定されます（NoxInfluencer 調べ）。

- **ヒカキン**
  月間再生回数：1.5 億回
  月間広告収益目安：3400 万円〜 1 億円

- **はじめしゃちょー**
  月間再生回数：9000 万回
  月間広告収益目安 :1900 万円〜 6000 万円

ビジネス系チャンネルの落とし穴と対策

YouTubeをビジネス活用する上で、初心者が陥りやすい共通の失敗ポイントというものがあります。それを事前に押さえておくことで、「何が正しいのだろうか」と試行錯誤する最初の半年～1年ほどの時間を、短縮することができます。

「愚者は経験から学び、賢者は歴史から学ぶ」という言葉があるように、自分の経験だけに頼るのではなく、いろいろなチャンネルの軌跡から見える〝失敗ポイント〟をしっかり確認しておきましょう。

押さえるべきは「ファネル」の上の方

失敗ポイントの最たるものといえば、「視聴者の状態を理解しない発信をしてしまう」ことです。具体的には、いきなり自社商品やサービスの紹介から始めてしまったり、ビジネスの売り込みを始めてしまったりするチャンネルのことです。

YouTubeが得意なのは、多くの場合
上部の「認知」「興味・関心」

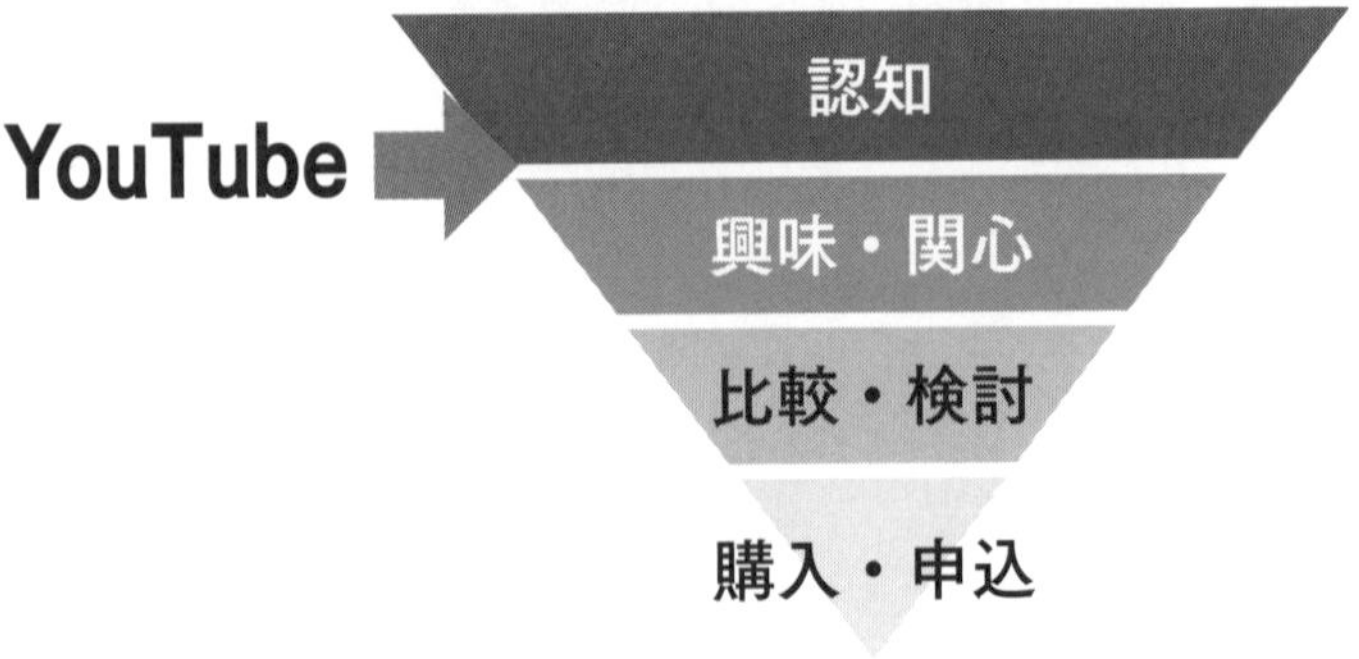

上の逆ピラミッドを見てみてください。お客さんがモノやサービスを購入する際には、「認知」「興味・関心」「比較・検討」「購入・申込」というフローを辿っていきます。集客にあたっては、この逆ピラミッドのフロー（これを「ファネル」と言います）で考えることが非常に重要になってきます。

YouTubeは、ライトな情報であるファネルの上のほう、「認知」「興味・関心」のフローが得意な媒体です。

いきなり「購入・申込」に繋げようとする企業が多いですが、それではなかなかうまくいきません。9割がたの企業がここから始めてしまいます。

例えばスーツ店がチャンネルを開設して、最初から「購入・申込」に繋げようとすると、

「当店の取り扱いスーツ種類」「当店のコロナの取り組み」「初めて入店される方はどうすればいい？」などをテーマにした動画になります。

観る側としては、いきなり商品を紹介されても、あまり興味を持たない人が多いものです。一般の視聴者が気に留めるような内容で始めることが大切です。

スーツ店のチャンネルであれば、「ネクタイの結び方とコツ」「女子受けが良いスーツスタイル」「今さら聞けないボタン留めルール」などが、一般視聴者受けしやすいでしょう。

他にもわかりやすい例を挙げてみましょう。

私の友人に化粧品を販売している人がいます。ある日、「YouTubeを始めました」という連絡がありました。私は「頑張って！」と返事をし、楽しみにしていました。

しかし、数カ月たったある日、その友人から「動画を20本ほどアップしているのに、ほとんど再生されていない」という嘆きの連絡がありました。それもそのはず、動画を観てみると「自社製品の紹介」しかしていなかったのです。

自社商品の紹介だけに留まっているのであれば、視聴者からは「なんだ、ただの自社の宣伝か」と思われてしまい、ほとんど見向きもされません。

1年やってもチャンネル登録に伸び悩むケース

×

[動画のテーマ・タイトル]

- 当店の取り扱いスーツの種類
- 当店のコロナ対策
- 初めて入店される方はどうすればいいか

視聴者の興味・関心に結びつくもの

○

[動画のテーマ・タイトル]

- ネクタイの結び方
- 女子ウケが良いスーツスタイル
- いまさら聞けないボタン留めルール
- NG なスーツスタイル

では、このチャンネルはどうしたらよいのでしょうか。

答えは、「化粧品に関して一般人が知りたい、汎用的なキーワードに沿った内容」を扱うことです。例えば「就活メイクの方法」や「時短メイクの方法」「肌が綺麗になる洗顔ケア」「デート時のリップ選び」など、女性の多くが気になるような言葉をキーワードとして入れていくのです。

私は友人にそのようにアドバイスをしました。すると、そのテーマに沿った内容の動画は、すぐに数本が10万再生を超えるなどの伸びを見せていきました。

ＹｏｕＴｕｂｅで発信するからには、**YouTubeの得意な層「認知」「興味・関心」にフォーカスしたテーマ、赤の他人でも興味を引くテーマを最初に投稿することが効果的**なのです。

大衆受けならこのジャンルを狙おう
――テーマ選びの基本

YouTubeのチャンネルテーマに関して、三角形のマーケティング構造などをお伝えしましたが、それでも「うーん、テーマが思いつかないな」という場合もあると思います。

そんな方にお勧めなのが、次のようなテーマから、自社や自分のビジネスに合うテーマを見つけることです。

「お金」「健康」「人間関係」「恋愛」「ダイエット」

これらのテーマは普遍的に多くの人が興味を持つ分野です。10年後、20年後も変わらずに人々が欲しているジャンルの情報といっても過言ではないでしょう。

短期的には自社の商品には結びつかない場合もありますが、多くの人の興味を引くことに成功し、あなたやあなたの会社の認知が広がれば、「なんでもいいから、あなたの商品が買いたい」「この会社のファンだから、何か買って貢献したい」という視聴者の応援心が生まれてきて、結果的に自社の商品の売上に繋がってくるものです。

多くの人が知りたいと思うテーマ

- お金が増えるのか？
- 健康になるのか？
- 人間関係がうまくいくのか？
- モテるのか？
- 新しい情報があるのか？ etc.

➡ **すぐに自分の役に立つ情報やノウハウ**

例えば、マコなり社長のチャンネルで言うと、動画のジャンルは「仕事ができない人の特徴」や「寝る前に絶対やってはいけないこと」などの「仕事や生活のライフハック」「自己啓発」「仕事術」などの分野です。

しかし結果的にマコなり社長のファンができ、彼が出す商品（教育パッケージ）やオンラインサービス、はたまた代表を務めるプログラミングスクールの「テックキャンプ」などへの集客に繋がっています。

職種別チャンネルテーマの例

では、職種によってどのようなジャンル、テーマと結び付けられるのかを具体的に見ていきましょう。

▶お金

職種：税理士、社労士、ファイナンシャルプランナー、経営コンサルタント、フリーランス・個人事業主（自分で確定申告をする人）

チャンネルのテーマ：個人事業主や中小企業の経営者が使える節税テクニック、税金の小ネタ、確定申告のしかたなど

▶健康

職種：栄養士、調理師、医師、ボディトレーナー、メイクアップアーティスト、ボディビルダー、セラピスト

チャンネルのテーマ：「病気に効く食材3選」「△△病の危険な兆候3つ！」など

▶人間関係

職種：心理コンサルタント、カウンセラー、中小企業の社長、リーダー・マネージャー職、牧師、僧侶、神主

チャンネルのテーマ：明日からできる仕事術や自己啓発、人間関係に効くコミュニケーション術など

▶**恋愛**

職種：衣服コーディネーター、恋愛コンサルタント、結婚相談所、マッチングアプリ運営者、心理学者

チャンネルのテーマ：「明日から使える異性にモテるためのコミュニケーション術」など

▶**ダイエット**

職種：パーソナルトレーナー、ヨガ講師、モデル、トレーナー、メンタルコーチ

チャンネルのテーマ：「自宅で毎日3分でできるエクササイズ」など

テーマはたくさん扱うべきか？　統一すべきか？

多くのYouTubeチャンネル運営者から、「内容に統一性を持たせた方がいいのか、それとも伸びる動画は何でもやったらいいのかわからない」といった相談が寄せられます。**「切り口は最初、専門的なものに統一した方がいい」**というのが、私の見解です。

まずは1つの切り口で、そのチャンネルに合った動画をアップしていきましょう。

例えば税理士の方であれば、「個人事業主や中小企業の社長向けの〝節税術〟」を大テーマとし、そのテーマに即した「経費申請の賢い方法5つ」「個人事業主が法人成りで節税するための売上目安3つ」などの動画をアップしていくのがいいでしょう。

悪い例で言うと、税理士として集客したいのに、エンタメ系の「メントスコーラやってみた」や「料理動画」、自分語りの「起業話」など、目的からそれた動画をいろいろとアップしてしまうケースです。

YouTubeチャンネルで発信しようという人は意識が高く、動画制作の引き出しやネタがたくさんあって、どんどんアップしてみたくなるのだと思います。その気持ちはわかりますが、そこはグッと堪えましょう。

視聴者がビジネス系のチャンネルに望んでいるのは、「具体的なノウハウや情報」だということを常に意識しましょう。

動画での「顔出し」は必須？

よくクライアントから「顔出し」について、絶対出すべきかと質問をされるのですが、端的に言うと、「出した方がよいが、個人の場合は出さなくても効果は見込める」というのが私の回答です。

例を挙げると、企業やアイドルグループのチャンネルで、複数人が顔出しをせずにYouTubeに動画をアップしている場合は、さすがに視聴者は違和感を感じてしまうでしょう。

しかし、個人のチャンネルで顔出しなしであれば、視聴者は「顔を出せない、もしくは出したくない人なんだな」と割とすんなり受け入れてくれます。

「アニメーション＋本人の声」「Vlogなどの動画＋テロップ」といった顔を出さないスタイルの動画でも、チャンネル登録が数十万人以上になるほど人気の動画はたくさんあります。

「ザイオンス効果」の意味でも顔を出すのが一番ですが、出せない場合は出せないなりの工夫をしたり、戦略を取ればいいのです。

初期にはニッチなテーマに手を出してはいけない

YouTubeチャンネルを立ち上げて動画を配信したものの、再生回数が一向に上がらない…というパターンは他にもあります。それは「他のチャンネルがやっていないオリジナルのテーマで勝負しよう」と考えてしまう場合です。

このことは、YouTubeの視聴数を伸ばす上で重要な「関連動画」の話に繋がっていきます。ニッチなテーマではなく、すでに他のチャンネルがたくさん動画を出しているような**人気のテーマであれば、たとえそれが後発であっても、「他の動画の関連動画」として、掲載されやすくなる**のです。

しかし、他のチャンネルがほとんど出していないテーマの動画であれば、検索数やニーズが極端に少ないジャンルである可能性が高く（視聴者がそもそも必要としていない）、「関連動画」からの流入も少なくなってしまいます。

例えば、私が運営するチャンネルで「持続化給付金もらった後に注意すべきこと」というコロナ助成金関連の動画を出したことがあります。そのテーマは、すでに他のビジネス系チャンネルでたくさんアップされていたジャンルで、動画への流入経路は、他人の「関連動画」が大半を超えていました。

この動画は関連動画からの流入で伸び続け、最終的に30万再生を超え、これ1本のみからのチャンネル登録者数は１０００人を軽く超えていました。「持続化給付金」は、コロナ禍で打撃を受けた事業者が対象で、返済義務のない給付金の情報だったため、動画の検索や関心のニーズも多く、一気に伸びていきました。

しかし、これがそもそも他の誰もアップしていない、ニッチな助成金などの情報だったとしたらどうでしょうか。おそらく、検索はおろか、関連動画からの流入もほぼゼロで、再生回数は10回にも満たなかったかもしれません。

このように見ていくと、やはり立ち上げて最初のうちは、ニッチなテーマだとチャンネル全体の伸びが芳しくありません。

目安としては、**チャンネル登録者数が１０００人に届くまでは、基本的に「ヒットしている動画テーマを攻める」という戦略が効果的**です。徐々に視聴者がつき、「このチャンネルが出してくれる情報なら有益に違いない」という認識まで持っていければ、オリジナルのコンテンツを出しても伸びていきます。

YouTubeで超高額商品は売れない

ＹｏｕＴｕｂｅでオンラインサロンやメンバーシップ、あるいは様々なバックエンド商品を提供するにあたって、「価格設定」は慎重に行うべきです。

具体的な額でいうと、ＹｏｕＴｕｂｅチャンネル経由のお客さんに20万円以上の商品を売るのは厳しい傾向にあります。**バックエンド商品の価格設定としては、単価数千円～20万円の範囲がベスト**です。

なぜ高額だと売れないのか？

特にビジネス系や情報発信系のチャンネルに共通して言えることですが、ＹｏｕＴｕｂｅからあなたやあなたの会社の存在を知るに至った視聴者は「無料で情報を仕入れたい」「ライトな情報を仕入れたい」と思っているケースがほとんどです。要するに、そこまで本気でお金をかけて勉強する媒体と捉えていないお客さんが多いのです。

これが資格の学校や大学受験の予備校、ビジネス英語の学校などであれば違います。本人にとっては死活問題なので、数十万〜100万円以上のお金を払ってでも勉強したい、そのための商品やサービスを購入したいと思う人もたくさんいるわけです。しかしYouTubeでは、「空き時間などにサクッと無料で情報が知れたらいいな」という風に思っている視聴者が多いということを、認識しておいてください。

もちろん、例外もありますが、一度もあなたと会ったことがない不特定多数に向けて、YouTubeで商品やサービスを売りたいと思った場合は、20万円以内に留めるのがいいでしょう。

月額のオンラインサロンの料金であれば980〜4980円くらいの範囲に設定し、少し安めの印象を与えるのがお勧めです。これがいきなり「オンラインサロン月額1万円」となると、相当影響力のあるインフルエンサーや著名な社長などでなければ、集客は厳しくなります。

また、単発のバックエンドの商品を売りたい場合は、3万〜5万円以内に留めるのがお勧めです。例えば、英語を教えるチャンネルを運営している個人や企業が、いきなり50万円の英語勉強のオンラインパッケージ商品を作っていくら動画で宣伝しても、売れません。チャンネル登録者数が数万〜数十万人以上であっても、です。

スマホ1台でできる撮影オペレーション

YouTubeで動画をアップするために「撮影して、編集する」と考えると、「なんだかとても大がかりなことをしなければいけないな」「機材や道具には、多少高くてもしっかりしたモノを揃えないといけない」と思ってしまう人がとても多いです。

しかし、最初は簡易なモノでいいのです。ビジネス系のチャンネルでは、スマホ1台だけで撮影した動画で、登録者数十万人というチャンネルはたくさんあります。

YouTubeで大切なことは、「映像の綺麗さや編集のクオリティ」ではなく、「テーマ」や「内容」なのです。

自分で撮影や編集がガッツリできる、会社にそのような環境が整っているといった場合を除いては、簡易な撮影オペレーションでとにかくスタートしましょう。徐々に撮影を習慣化できて慣れてきたら、少しずつ撮影や編集のクオリティを上げていけばいいのです。

動画撮影に必要なもの

- **スマホ**
- **スマホ３脚**（3000円程度）
- **ピンマイク**（2000円程度）

＊編集はパソコンがベター
（ソフトはMacのiMovie、またはPremiere Proなど）

スマホ撮影&アプリ編集、クオリティは３割でＯＫ

では実際にどうすればいいかというと、「Ｖｌｏｇ系」というジャンル（映像で綺麗に綴る日記のようなスタイル）の場合は、編集の技術が求められますが、ビジネス系ならば撮影はスマホ、編集はアプリ、あるいはデフォルトのパソコン内蔵ツールでの編集だけでも大丈夫です。

例えば撮影はｉＰｈｏｎｅ、スマホ３脚（３０００円）、ピンマイク（２０００円）、編集はパソコン（Ｍａｃ）内蔵のｉＭｏｖｉｅがあればＯＫです。

これだと、手持ちのスマホ以外でかかる費用は５０００円程度と、かなり費用が安く抑えられます（iPhoneとパソコンを持っている場合）。編集にかける時間の目安は10～15分くらいです。

ビジネス系はこのパターンで撮っている方がかなり多い印象です。

視聴回数やチャンネル登録を伸ばすコツとしては、最初は数で勝負すること。クオリティは3、4割でいいので、とにかく動画をアップする習慣をつけましょう。YouTubeに「定期的に動画を上げているチャンネルなんだ」とみなしてもらうこと、そして、実際に出してみて「こういう動画がヒットするのか」という傾向を掴むことが大事です。

第3章

これでうまくいく！
動画制作・公開のポイント

ＹｏｕＴｕｂｅでの話し方のコツ

ＹｏｕＴｕｂｅを始めたいけど始められないという方の中には、「私はしゃべりがうまくないんです」という方が一定数いらっしゃいます。「アナウンサーみたくしゃべれないんです」とか「普段、人前でしゃべったこともないし」とおっしゃいます。

その気持ちもわかりますが、うまく話す必要はなく、「友人やお客さんに話すいつもの感じ」で話すことができれば、それで充分です。

なぜでしょうか。それは、ＹｏｕＴｕｂｅ視聴者には「アナウンサー感」「オフィシャル感」「企業の真面目感」といった固いイメージよりも、普段のありのままの状態の方が、親近感が高まる傾向にあるからです。

試しにＹｏｕＴｕｂｅで、自分のよく見るジャンルを検索してみてください（例えば「ｉｐｈｏｎｅ　裏ワザ」「就活メイク」「ＳＥＯ攻略」など）。数十万回以上、再生されているような動画でも、意外と話し方は普通だと感じ取れるのではないでしょうか。

ただし、撮影となると極端に言葉が出なくなってしまう、言い間違えてしまうという場合は、徐々に慣れていきましょう。音読用の本などもいまはたくさん売っているので、毎日10分間、発声の練習をするだけでもいいのです。

また、トークのある動画で一番陥りがちな点は、「えっと」や「まあ」「あのー」といった〝間を繋ぐ言葉〟がたくさん出てきてしまうということです。これらの音声は、視聴者にとっては聞きにくい場合が多く、自信のなさや、間が空いた印象を与えてしまいます。

焦って話す必要はありません。次の言葉が出なくなってしまったとしても、編集でその部分をカットすれば大丈夫です。

自分の動画をチェックして、これらの言葉がたくさん出ている場合、意識的に使わないようにしていきましょう。それだけであなたのトークはグンと聞きやすくなります。

本人が思っている以上にYouTubeは「うまくしゃべれなくていい」「そのままでも全く問題ない」というケースが多いものです。まずは始めてみて、そこから徐々にトークを改善していくというステップでいいのです。

これはYouTubeに限らず、インターネット全般での発信に、「飾らない等身大」「ありのまま」の方が信頼できるという傾向があります。さあ、まずはそのままのあなたで1本目を撮ってみましょう。

トーク構成の具体的な流れとテンプレ

YouTubeで発信するテーマは決まったものの、いざ撮影となると「何を話したらいいのかわかりません」「アドリブでは話すことができません」という方がいます。

そのような場合にお勧めなのが、最初は台本を作ってから一字一句台本通りに話す、という方法です。台本はワードやパワーポイントでも、パソコンに付随しているメモ機能でも、紙に手書きでも、個人の使いやすいものを使いましょう。

そして慣れてきたら、徐々に台本を見る回数を減らし、アドリブで読めるようにしていけば、動画作成の時短になります。やはり台本を作るとなると、アドリブで話す場合よりも3倍以上は時間がかかってしまうからです。また、アドリブで話せることは、YouTube以外にも応用が利きます。プレゼン、商談、日々の会話など、あらゆるシーンでトーク力がアップしていくのを感じられるでしょう。

台本からアドリブに移行する際、最初は一字一句話し言葉で書いていたところを、徐々に要点だけに絞った箇条書きにするなど、台本を減らしていくと、アドリブへの移行がしやすいです。

トークの大きな流れ

まずポイントとして、大きな流れをご紹介します。台本やトークの流れを考えるにあたっては、次の3つを大切にしましょう。

1 この動画の内容とメリット、最後まで観る意味

動画の内容（テーマ・概要）を最初に話すことによって、視聴者は最後まで閲覧する意味を見出しやすくなります。そして、最初に概要を示しているので、動画の内容が頭に入ってきやすいというメリットもあるでしょう。その結果、YouTubeにおいて大切な指標である「視聴者維持率」を保てる動画になります。

2 中身は要点を絞る

話をするときは余計な前置きや脱線した話、言い訳などはなるべくしないようにしましょう。それらは視聴者が興味を持たないものです。例えば緊張を隠すために「まだ

チャンネルを開設したばかりで話がうまくないかもしれないですが、聞いてください」などという前置きや言い訳をしてしまいがちです。それらはエンタメ系で可愛らしいアイドルならよくても、ビジネス系やノウハウを語るチャンネルであれば不要です。

3 動画のまとめ

一通り話をした後は、最後に簡単に要点をまとめると、話が整理されて視聴者の理解度が深まります。「今日の動画のポイントは3つです。1つ目は〜」などと繋いでいき、30秒程度でまとめるのがよいでしょう。まとめが数分以上と長くなると中だるみして視聴者は飽きてしまうので、注意しましょう。

誰でも使える「トークテンプレ」

全体の大きな流れがわかったところで、次に、具体的な「トークのテンプレート」を紹介します。基本的にはどのようなジャンルのYouTubeチャンネルでも、このフォーマットに沿って話していけば、要点がうまくまとめられ、視聴者にとってわかりやすい動画作りができるはずです。

以下に、実際に話す際の構成要素と、次ページに「台本フォーマット」をまとめてみました。ぜひ、実際のトークの際にアレンジしてご活用ください。

導入

- 動画の全体像
- この動画を観るメリット、観た後にどういう効能や学びがあるか
- 最後まで観るべき意味

コンテンツ部分（動画の本編）

- 内容を簡潔に3つくらいのポイントに絞って伝える

終わり部分

- 動画のまとめ
- チャンネル登録や高評価ボタンへの誘導（チャンネル登録をしてほしい旨、高評価を押してほしい旨）

■ 終わり部分（動画のまとめ・〆コメント）

今日は「○○○○（例：初心者でも分かる Zoom の始め方)」という内容でお伝えしました。
まとめると、ポイントは

動画のポイント 1（1 ～ 2 行）

動画のポイント 2（1 ～ 2 行）

動画のポイント 3（1 ～ 2 行）

でした。ぜひ、皆さんも「○○○○」を使って、「○○○○（集客・業務効率化など)」に役立ててください。

チャンネル登録誘導等コメント

動画が少しでも参考になった場合は、ぜひ高評価とチャンネル登録をよろしくお願いいたします。コメントもすべて読んでおります。

ポイント

チャンネル登録と高評価、コメントなどはアルゴリズム的にも有利になるポイントなので、ぜひ導入しましょう。

YouTube台本フォーマット（10分以内）

■ 導入

どうも、こんにちは！「●●●チャンネル」の●●です。今日は「○○○○（例：初心者でも分かるZoomの始め方）」をお伝えします。
この動画は、これから「○○○○（例：Zoom）」を始める方に向けて、5分で使い方を教えています。この動画を観ると、初心者でも「○○○○（例：Zoom）」の使い方がマスターできます。ぜひ最後までご覧ください。

ポイント

視聴者維持率を保つため、「この動画を観るべき対象の人」と「動画を観るメリット」「最後まで観た後の理想の姿」を最初に提示するとよいでしょう。

■ コンテンツ部分（動画の本編）

この箇所に関しては、各動画で自由に記入していきましょう。

- **動画のポイント1**（5～20行程度）
- **動画のポイント2**（5～20行程度）
- **動画のポイント3**（5～20行程度）

ＹｏｕＴｕｂｅチャンネルの立ち上げ方と初期設定

動画をＹｏｕＴｕｂｅに投稿するには、まずＹｏｕＴｕｂｅのアカウントを作成してチャンネルを立ち上げることからスタートします。５分もあれば、アカウントを発行して自分のチャンネルを作成することが可能です。

チャンネルの立ち上げ方

チャンネルを立ち上げる手順は、大きく次の２つです。

ＹｏｕＴｕｂｅにログインすると（ステップ１）、チャンネル登録やｇｏｏｄボタン・ｂａｄボタンによる評価、再生履歴の管理などができるようになります。

さらにステップ２まで行うと、自分の動画をアップロードできるようになります。

ステップ１　ＧｏｏｇｌｅアカウントでＹｏｕＴｕｂｅにログインする

ＹｏｕＴｕｂｅにアクセスし、画面右上からＧｏｏｇｌｅアカウントでログインします。

（ＹｏｕＴｕｂｅはＧｏｏｇｌｅの傘下のサービスなので、Ｇｏｏｇｌｅアカウントが必要です）

Ｇｏｏｇｌｅアカウントを持っていない場合

- 「アカウントを作成」をクリック
- フォームに名前やユーザー名、パスワードなどを入力し、アカウントを作成

ステップ２　ＹｏｕＴｕｂｅチャンネルの名前やアイコン画像を設定する

ＹｏｕＴｕｂｅ上で右上のユーザーアイコンをクリックします。

「チャンネルを作成」をクリックすると、チャンネルの「名前」と「アイコン画像」の設定画面が出てきます。

チャンネルの名前を決めて入力し、アイコンの画像を選択して「チャンネル作成ボタン」を押せば、チャンネルの作成が完了します（アイコン設定はスキップ可）。

（参考「ＹｏｕＴｕｂｅチャンネルの作成」
https://support.google.com/youtube/answer/1646861?hl=ja）

次のように表示されます
画像をアップロード
名前
ダニエル広告
[チャンネルを作成] をクリックすると、YouTube の利用規約に同意したものとみなされます。名前とアバターの変更は YouTube のみに適用されます。その他の Google サービスには影響しません。 詳細
キャンセル
チャンネルを作成

2.「名前」とアイコン画像の設定画面が出てきたら、チャンネルの名前を入力する。
右下の「チャンネルを作成」をクリックして、作成完了。

チャンネルの立ち上げ方

必ずやっておきたい初期設定

YouTubeチャンネルを立ち上げたら、次の4つは必ず設定しておきましょう。設定は、チャンネルやコンテンツの管理ツール「YouTube Studio」上で行います（YouTubeのユーザーアイコン内からYouTube Studioを選択できます）。

- チャンネルアイコン（プロフィール画像）
- チャンネルアート（バナー画像）
- 基本情報（チャンネルの説明や、チャンネルにリンクするHP・SNSのURLなど）
- キーワード

▶チャンネルアイコンの設定（プロフィール画像）

チャンネルアイコンは、YouTubeで自身のチャンネルや番組が提示される際に、動画の下やコメントの横などにプロフィール画像として表示される円形の画像です。デフォルトでは、Ｇｏｏｇｌｅアカウントの頭文字などが入ったアイコンになっています。

アイコンには、人の写真を使うのがおすすめです。メインで話す方を、できればプロが撮った写真を使えるとベストです。

チャンネルと関係ない犬や猫の写真、建物の写真などは、ＹｏｕＴｕｂｅにおいて重要な「人への親近感」が感じられないのであまりおすすめできません。

・アイコンの設定は、ＹｏｕＴｕｂｅ Ｓｔｕｄｉｏ上の「カスタマイズ」↓「ブランディング」↓「写真」から行います。

・写真のサイズや内容について、ＹｏｕＴｕｂｅ公式には次のように示されています。

98×98ピクセル以上、４ＭＢ以下の画像をおすすめします。ＰＮＧまたはＧＩＦ（アニメーションなし）ファイルを使用してください。画像はＹｏｕＴｕｂｅ コミュニティガイドラインを遵守したものである必要があります。

「チャンネルアイコン」と「チャンネルアート」

チャンネルアート（バナー画像）
チャンネルの入り口ページ上部背景に表示される画像のこと。

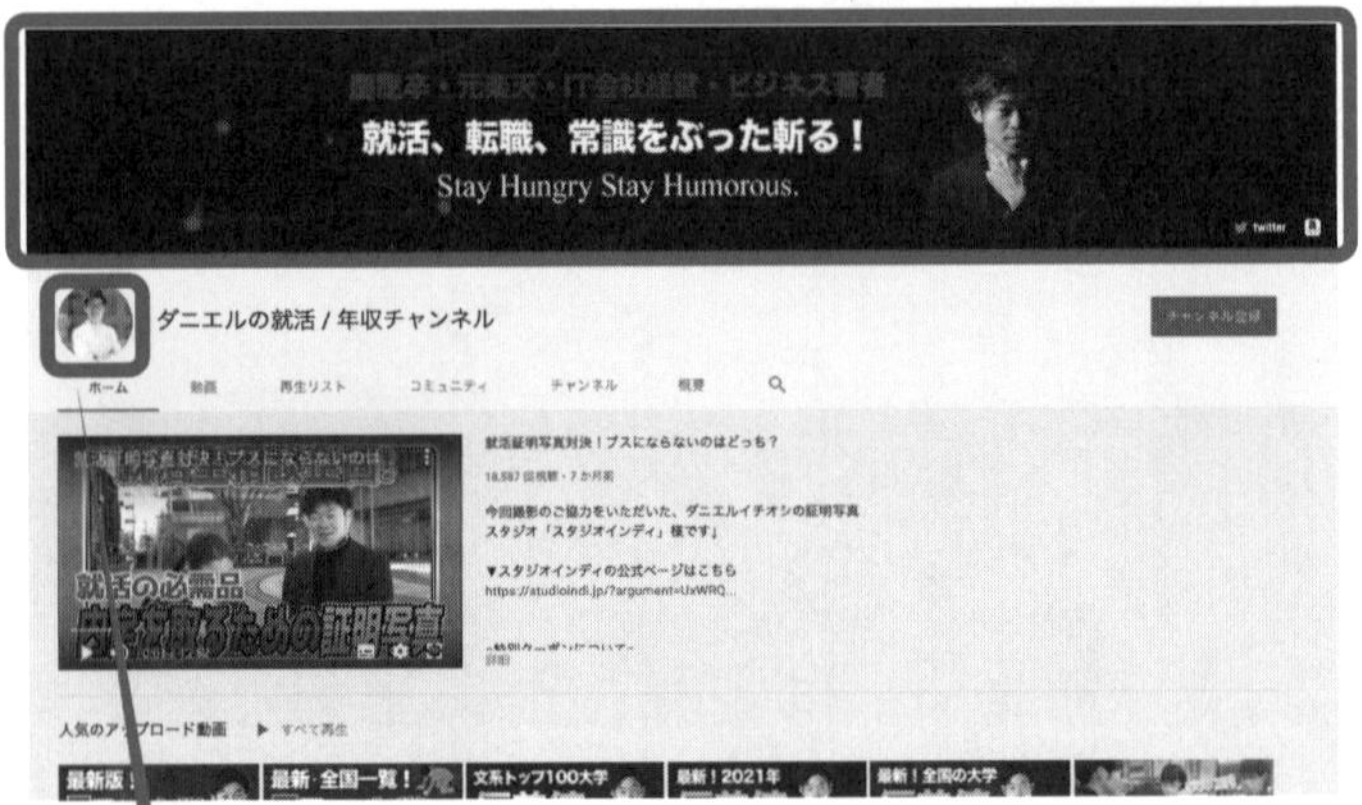

チャンネルアイコン
プロフィール画像。人物の写真を入れるのがおすすめ。

▶チャンネルアート（バナー画像）

チャンネルアートとは、あなたのチャンネルの入り口ページ上部に表示される、バナー画像のことです。

- 画像の設定は、YouTube Studio上の「カスタマイズ」→「ブランディング」→「バナー画像」から行います。

作り方のコツと設定の詳しい方法は、次のセクションでご説明します。

▶基本情報（チャンネルの説明や、リンクするHP・SNSのURLなど）

あなたのチャンネルに関する説明や、誘導したいリンク先のHP・SNSのURLを「基本情報」に記載しましょう。

説明はユーザーにわかりやすい内容にしたいものです。個人でチャンネルを発信する方であれば、

「なぜこのチャンネルをやっているのか」
「どのような動画を発信しているのか」
「これまでの経歴」

基本情報の記載例

このチャンネルでは、慶應卒・元楽天 MVP・ビジネス著者のダニエルが、新しい時代の「仕事」と「お金」と「個人ブランディング術」を発信しています。「アフターコロナで経済はどうなる？」「これからの仕事のあり方は？」など、必要なニュースもお届けしていきます。

～ダニエルの経歴～

慶應義塾大学（SFC）

↓↓↓

新卒で楽天株式会社入社（MVP 受賞）

↓↓↓

起業（Web 制作・企画・コンサルティング）

現：(株）ダニエルズアーク 代表取締役社長

～書籍・メディア実績～

・著書『4000 万人の購買データからわかった！売れない時代にすぐ売る技術』サンマーク出版
（Amazon「マーケティング」ランキング・2 週間連続 1 位）

・「東洋経済オンライン」コラム連載
・「日経新聞」掲載
・「週刊 SPA!」掲載

「チャンネルの内容に繋がる実績」

などを記載すると、チャンネルを発見したユーザーはわかりやすいでしょう。

- 入力はYouTube Studio上の「カスタマイズ」↓「基本情報」から行います。

▶チャンネルのキーワード設定

チャンネルを表現する主要なキーワードを設定しましょう。例えば「フリーランスのための起業ノウハウ」のようなチャンネルであれば、キーワードは、「副業」「フリーランス」「脱サラ」「ブログ」「起業」などがいいでしょう。

YouTubeはこのキーワードをもとに動画の内容を判定しており、検索結果や関連動画として類似したコンテンツが表示されやすくなる傾向にあります。

ただし、多めに設定し過ぎるとYouTubeから〝ノイズ〟として判定されてしまうので、5～7個、多くても10個以内に設定しましょう。

- 入力は、YouTube Studio上の「設定」↓「チャンネル」↓「基本情報」から行います。

チャンネルのキーワード設定画面

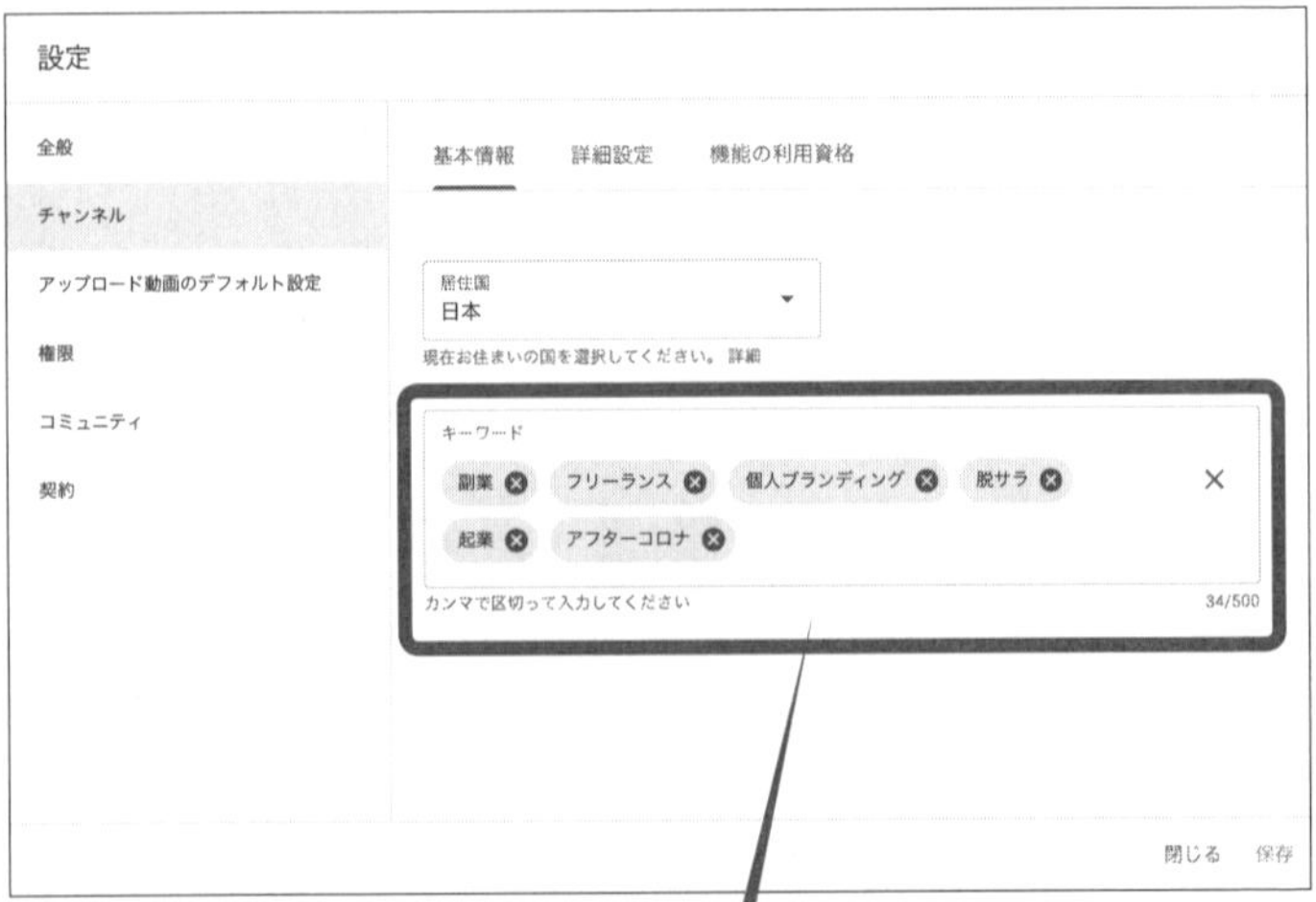

チャンネルを表現するキーワードを入れる。
多くても10個以下、5～7個くらいがおすすめ。

視聴者を惹きつけるチャンネルアート（バナー画像）のデザイン

たどり着いた経緯は何であれ、YouTubeで視聴した動画を「これ面白いな〜、どういうチャンネルだろう？」と思って、チャンネルのアイコンをクリックしたことはありませんか。

そんな風にして、動画に興味を持った視聴者はチャンネルのホーム画面を訪れます。その際に、チャンネルアート（バナー画像）やアイコンが魅力的だと思ってもらえれば、「このチャンネルは引き続き有益な動画を提供してくれそうだな、今後もチェックしておこう」という心理が働き、視聴者はチャンネル登録に至ります。

したがって、チャンネルアートはしっかり考えて作ることが大切です。チャンネル登録者が増えれば、継続的に動画を観てくれる人が増えます。それは、「チャンネル登録者数1000人・総再生時間4000時間」という収益化の条件（154ページ）到達の助けにもなります。

では、チャンネルアートはどのように作成したらよいのでしょうか。

チャンネルアート作成のポイント

もしPhotoshopなど画像加工のツールがあるなら、それを使って画像のサイズ（ピクセル）を調整するのが理想的です。（パソコンが）Macであれば、内蔵の「プレビュー」の「ツール」からも、画像のサイズ変更や切り取りなどができます。

これは簡易的ですが、パワーポイントで作り、「画像」として切り出して設定するという手もあります。

具体的なサイズとしては、**「横2560ピクセル×縦1440ピクセル」で作成すると、TV、パソコン、スマホやタブレットなど、様々なデバイスでの表示に対応したチャンネルアートが完成します。**

必ず表示させたいタイトルやロゴは、「横1546ピクセル×縦423ピクセル」の中に収まるように作成しましょう。

この画像は、チャンネルの上部全体に表示されます。文字はあまり詰め込み過ぎずに、チャンネルが目指す方向性や発信内容、視聴者へのメリットなどを、2行以内程度で簡

デバイス別「チャンネルアート」最適画像サイズ

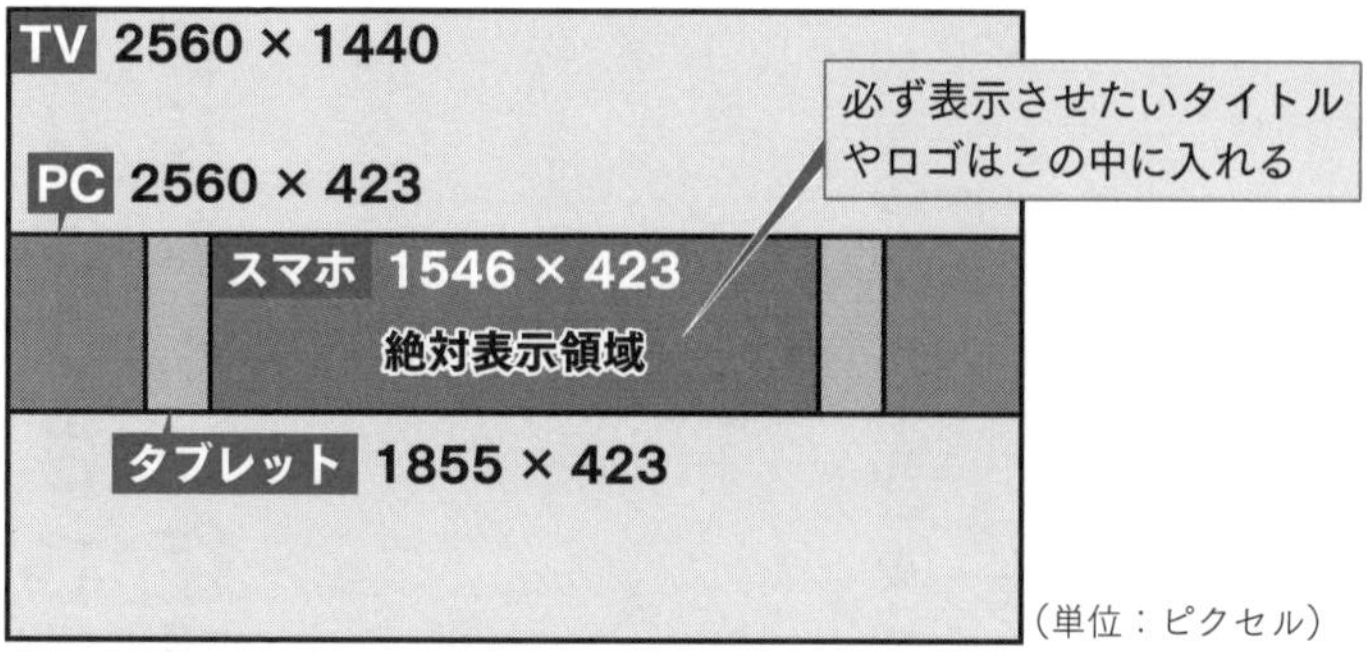

出所　OsunBook「チャンネルアート」の記事をもとに作成
https://osunbook6.com/youtube-gazo-size/

潔に伝えていきましょう。

デザインとしては、「スマホで表示しても『一発でどういうチャンネルかがわかる』ビジュアルと文言」にすることがポイントです。

・設定は、YouTube Studio上の「カスタマイズ」→「ブランディング」→「バナー画像」から行います。

・なお、写真のサイズについて、YouTube公式には次のように示されています。

すべてのデバイスで最適に表示されるように、2048×1152ピクセル以上、6MB以下の画像を使用してください。

クリックされるタイトルとサムネイル作成の極意

これは公式に発表されていることですが、YouTubeは動画の内容のほか、「タイトル」「説明」「サムネイル」（動画をアップしたときの画像、静止画）などの主要データの指標を重視しています。

そして、それらのデータの成果が高い動画を、「おすすめ」や「関連動画」で積極的に露出したり、「検索結果」に表示する際に上位に出したりします。

動画の「タイトル」を決めるときのコツ

では、タイトルをつけるときはどんなことがポイントになるのでしょうか。

ズバリ「同じジャンルのヒットしている動画のタイトルを参考にする」というのが手っ取り早いです。なぜなら、同ジャンルでヒットしている動画のタイトルは、需要がある可能性が高く、また、そういった動画の「関連動画」としても表示されやすくなるからです。

そして、次の3つを意識してみることをお勧めします。

1 文字数は長くても35文字以内に留める

2 【】や（）を使ってタイトルにメリハリをつける

3 YouTubeの検索窓でタイトルのキーワードを入れて、リコメンドを見る

1の理由として、YouTube動画をスマホ（閲覧の主流）で視聴する際に、表示できる文字数が限られていることがあります。

また、タイトルが長いと、クリックするまでにタイトルを読むことに時間を要するので、できれば25文字以内に留めるのが理想的です。

2に関しては、文字の羅列のみだとテキストが読みにくいためです。例えば【要注意！】（おすすめ5選）など【】や（）を使って、タイトルにメリハリをつけると、読みやすくなって動画へのクリック率が高まります。

3は動画を作る際のキーワード、例えば「オムレツを作る動画」であれば、「オムレツ」という単語をYouTubeの検索窓に入力してみましょう。

すると、「オムレツの作り方」「オムレツ ふわふわ」「オムレツ ホテル」「オムレツプロ」など、リコメンドの単語が検索窓の下に表示されます。これは、YouTube上で視聴者が頻繁に閲覧する動画や検索語句が表示される場合が多く、需要のあるタイトルを考えるときの参考になるのです。

今回の「オムレツ」であれば、表示されたリコメンドの単語から、「【プロの味！】すぐできるふわふわオムレツの作り方」といったタイトルを考えることができます。

サムネイル作成のポイント

次にサムネイルについて見ていきます。

サムネイルとは一言でいうと「動画の看板」です。例えば、あなたが街を歩いていて「お腹空いたな、何かお昼に食べたいな」と思ったとします。その場合、数あるお店の中から選ぶにあたって、まずどこで判断するでしょうか。

そう、看板です。「中華料理」「ランチ500円」「山盛りチャーハン定食」などの看板から、私たちはそのお店に入るかどうかを決定しています。看板で「何を提供しているお店か」「それは美味しそうか」というのを判断しているのです。

サムネイルもそれと同じような効果を果たします。その動画が「何について発信しているのか？」「面白そうか？」「有益そうか？」という点を判断し、クリックするかどうかを決める材料となっているのです。

つまり、サムネイルはお店で言うと「入店」、動画で言うと「クリック」してもらうための重要な役割を持つということです。

たまに、文字がたくさん詰まっていたり、動画の概要やタイトルをそのまま書いていたりするサムネイルがありますが、それでは数ある動画の中から選んでもらえません。

また、動画をアップロードすると、YouTubeが作成したサムネイルが自動的に3つ提示されますが、より多くの視聴者を惹きつけるために、自分でサムネイルを作成するのがおすすめです。

では、効果的なサムネイルの戦略とデザインはどのようにすれば良いのでしょうか。

YouTubeはサムネイルについて、このように述べています。

サムネイルとタイトルはチャンネルの看板のようなもので、視聴者はこれらを手がかりにして動画を視聴するかどうかを決めます。サムネイルとタイトルをうまくデザインすると、より多くのファンをチャンネルに引き寄せることができます。また、どのような動画なのかが予測できるため、視聴者に動画を最後まで見てもらうことができます。そして、幅広い広告主にコンテンツをアピールできます。

（参考 YouTube Creator Academy https://creatoracademy.youtube.com/page/lesson/thumbnails）

効果的なサムネイルを作るポイントをまとめると、次のようになります。

- **スマホでの視認性（見やすさ）を優先する**
- **文字を詰めこまず、主要な単語（10文字以内）を大きく目立たせる**
- **動画の説明やタイトルをそのまま書くのではなく、キャッチーな単語や主要なキーワードを記載する**
- **見にくくなるので、画像やイラストの上に文字を入れ過ぎない**

ジャンルやテーマによって異なる面もあるので、同じ分野の動画で再生回数の多いものを観て研究してみましょう。

動画をアップする方法とYouTube Studioツールの使い方

サムネイルが整ったら、いよいよ動画をアップロードします。撮影もアップロードも、いまはスマートフォン1つでできますが、もしパソコンを持っているのであれば、パソコンからアップロードしたほうがいいでしょう。

YouTubeにログインして、「YouTube Studio」のタブをクリックすると、右上に「作成」というボタンが見えます。これをクリックして「動画をアップロード」を押し、ファイルを選択します。

動画がアップロードされたら、「タイトル」「説明」などを記載し、「公開」ボタンを押せば完了です（「タグ」や「カテゴリ」などの設定については、次のセクションの内容を参考にしてください）。

公開範囲は「限定公開」（URLを知っている人のみ閲覧できる）にすることも「公開」（全世界に公開）もできますし、あるいは非公開（自分のYouTubeの管理画面上でのみ確認できる）という選択も可能です。

スマホでの動画アップ方法

スマートフォンから動画をアップロードする場合は、ＹｏｕＴｕｂｅ公式が出している次のアプリ２つを使います。

1「ＹｏｕＴｕｂｅ」のアプリ
https://apps.apple.com/jp/app/YouTube/id544007664

2「ＹｏｕＴｕｂｅ Ｓｔｕｄｉｏ」のアプリ
https://apps.apple.com/jp/app/YouTube-studio/id888530356

１は、このアプリ上でＹｏｕＴｕｂｅの動画を閲覧することもできますし、パソコンで行うときと同じように動画をアップロードし、タイトルや説明文を記載して公開することもできます。

ただし、１のアプリのみではサムネイルの設定などができないため、よりクオリティの高い動画を作るためには２も使って、アップロードした動画をより詳しく編集する必要があります。

「YouTube」アプリとスマホ画面（例）

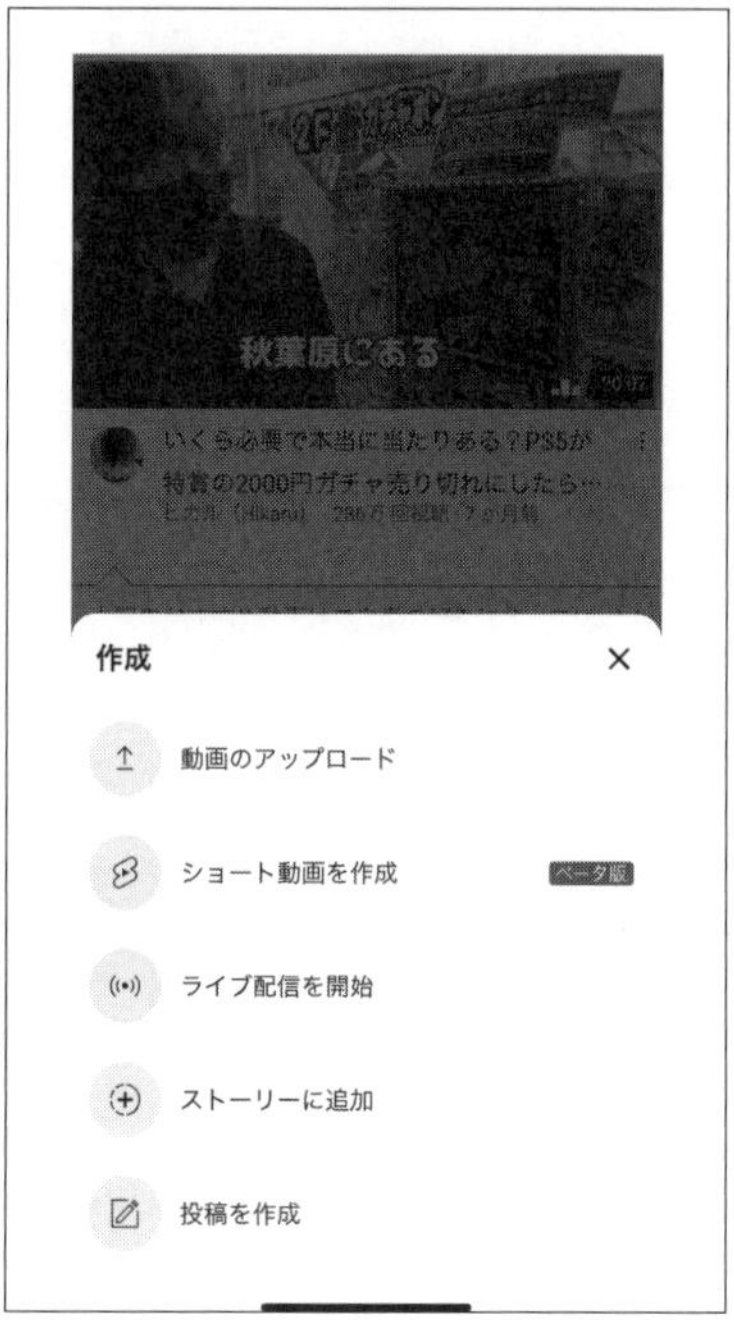

「YouTube Studio」アプリとスマホ画面（例）

これだけはやっておきたい！動画アップ時のデフォルト設定

YouTube動画を日々投稿していくにあたって「これだけは絶対にやっておいた方がいい」というデフォルトの設定があります。一度しっかり設定しておけば時短にも繋がるので、ぜひ実践してみてください。

「アップロード動画のデフォルト設定」からできるマスト設定5つ

チャンネルの基本設定と同様の要領で、「YouTube Studio」→「設定」→「アップロード動画のデフォルト設定」というタブから設定します。

この「アップロード動画のデフォルト設定」とは、毎回固定で入る、チャンネルの説明やタグのことです。下記5項目以外にも設定すべきタブはあるのですが、主要なところとしてこの5つを設定しておきましょう。

「アップロード動画のデフォルト設定」の画面

1　説明
2　タグ設定
3　カテゴリ
4　動画の言語
5　コメントと評価の設定

1、2は「基本情報」タブから、3、4、5は「詳細設定」タブから設定できます。

1　説明

説明とは、動画の概要欄と呼ばれているもので、その名の通り、動画の「説明書き」を記載するスペースになります。

YouTube側は動画を評価する際の指標として、動画の内容のほか、「タイトル」「説明」「サムネイル」といった要素を重要な指標として評価しているとお伝えしました。「説明」の部分には、会社や個人のプロフィールや経歴、各種ＳＮＳのリンクなど、毎回書き込む内容を記載しておくといいでしょう。説明のスペースは広いので、プロフィール事項をコピーすれば、手間を省くことができます。

2　タグ設定

「タグ」とは、動画をＹｏｕＴｕｂｅ側のプログラム上で認識するためのキーワードのようなものです。検索でヒットしやすくするために、動画に追加できる説明的な単語のことです。

カンマ区切りで複数を設定できます。主要なものを２〜３個設定しておき、各動画に必要なものを付け加えるとよいでしょう。

動画の検索時には、「タイトル」「サムネイル」「説明」などのデータの方がタグよりも重要な役割を果たすため、動画のタイトルがスペルを間違えられやすいものである場合には役立つことがありますが、その場合を除けば、動画の検索時にタグが果たす役割はごく小さなものです。

3　カテゴリ

カテゴリはタグ同様に、ＹｏｕＴｕｂｅのプログラム上で認識するための動画の種類、すみ分けのことです。その動画に適しているカテゴリを選ぶことにより、関連動画に表示される可能性が上がるなど、視聴者が動画を見つけやすくなります。

カテゴリは次のように分類されており、いずれか１つ選ぶことができます。

映画とアニメ、自転車と乗り物、音楽、ペットと動物、スポーツ、旅行とイベント、ゲーム、ブログ、コメディ、エンターテイメント、ニュースと政治、ハウツーとスタイル、教育、科学と技術、非営利団体と社会活動

4　動画の言語

各動画の言語を設定しておきましょう。日本で発信する場合は「日本語」を選択し、海外向けであるならば指定の対象の国を選択しましょう。

日本語で話している動画であっても、字幕やタイトル、説明を英語で行い、海外向けに発信していきたいチャンネルであれば、動画の言語を「日本語」とし、タイトルと説明の言語を「英語」にしておくとよいでしょう。海外からの流入も増えてきます。

5 コメントと評価の設定

皆さんが普段YouTubeを観ている際に各動画の下部に表示されているコメントは、YouTubeチャンネルの管理者側にて、コメントの許可や保留、無効化などができます。視聴者がコメントすることで動画への滞在時間が長くなったり、視聴者同士で盛り上がるなどの効果があるので、積極的にコメントを公開する設定にしましょう。

しかし、YouTubeは匿名のアカウントも多く、コメントが荒れるケースもあるため注意が必要です。具体的には次の(1)の設定でも問題ありませんが、コメントが荒れると印象が悪くなってしまう場合は、(2)か(3)を選択してコメントを承認制にし、不適切なコメントを表示させない設定にすることができます。

コメントが荒れるのは絶対に困るという場合は、(4)に設定し、一切書き込みができない状態にすることもできます。

(1) コメントをすべて許可する
(2) 不適切な可能性があるコメントを保留して確認する
(3) すべてのコメントを保留して確認する
(4) コメントを無効にする

できれば揃えたい編集ツール（Premiere Pro／iMovie／Photoshop）

本書では、「スマートフォンで完結する撮影&編集オペレーション」を紹介していますが、様々な操作上の効率性や見やすさ、編集や分析のしやすさという観点で考えれば、やはりパソコンで行うに越したことはありません。

最初はスマートフォンで手軽に始めて、徐々にペースが掴めて習慣化ができてきた段階で、パソコンでの編集に移行するというのもいいでしょう。

ここでは、パソコンでお勧めの動画編集ツールをご紹介したいと思います。

まず前提として大切なことをお伝えすると、**「（最低限の）編集ツールには惜しまず投資をする」ことが重要**です。「できるだけお金をかけずにやりたい」という方が非常に多いですし、気持ちはわかりますが、動画が伸びてきたフェーズでは、利便性や使いやすさ、品質などを考えると、必ず有料のツールが必要になってきます。

動画編集ツールはプロ級のツールを定額制で契約したとしても、月間で6000円程度です。学生のお小遣い程度のインパクトをYouTubeに期待しているのであれば無料ツールでもいいのですが、ビジネスとして活用したいという場合は、年間で数百万〜数千万円、ことによると億単位のビジネス効果を期待できるＹｏｕＴｕｂｅの可能性を考えると、とても安い投資ではないでしょうか。

また、格安な編集ツールがいろいろと世に出ていますが、編集の幅が限られていたり、動画の読み込みや書き出しに時間がかかったりと、不便が生じる場合も少なくありません。「安物買いの銭失い」ということわざを肝に銘じておきましょう。

ここでは、様々なものを見た中で、本当に使える編集ツールのみ紹介したいと思います。私が一番お勧めしているのは、**Ａｄｏｂｅが出している月額制「コンプリートプラン」**です。これには、動画の編集ツールや画像の編集ツール、その他の業務にも活用できるいろいろな編集ツールが一括で入っています。

月ごとでの支払いで、いつでも解約することができます。動画の編集に関しては、パソコンはＭａｃの方が対応ツールが豊富ですので、本格的にパソコンで動画編集をしていきたいという場合は、ＭａｃＢｏｏｋ Ｐｒｏのようなノートパソコンを入手しておくと、非常に作業がスムーズです。

編集ツール一覧

■ 動画編集ツール

無料

- **iMovie**（Mac 対応・パソコンにデフォルト搭載）
  https://www.apple.com/jp/imovie/

有料

- **Premiere Pro**（Mac・Windows 対応）
  月額 2728 円（税込）
  https://www.adobe.com/jp/products/premiere.html
- **Final Cut Pro**（Mac 対応）
  買い切り 36800 円（税込）
  https://www.apple.com/jp/final-cut-pro/

■ サムネイル作成ツール

有料

- **Photoshop フォトプラン**（Mac・Windows 対応）
  月額 1078 円（税込）
  https://www.adobe.com/jp/creativecloud/photography.html
  ※ Photoshop 単体プランは月額 2728 円（税込）ですが、フォトプラン（Photoshop ＋ライトルームセット）は月額 1078 円なので、単体で買うよりもお得です（2021 年 5 月時点）。

■ 動画編集・サムネイル作成 フルパックツール

- **Adobe Creative Cloud コンプリートプラン**
  月額 6248 円（税込）
  https://www.adobe.com/jp/creativecloud.html
  ※ Premiere Pro、Photoshop など、Adobe が出している各種ツールがフルパックで使用できます。

自分のチャンネルに挿入できる広告と加入要件

第2章で少しお伝えした通り、一定の条件を満たすと自分の動画に広告を入れることができるようになります。YouTube上に広告枠を設置したチャンネル側は、広告を出稿したクライアントの広告費を、YouTubeと分配する仕組みになっています。

チャンネルの動画に差し込める広告フォーマットは、次の5種類です。

チャンネルに設定できる広告フォーマット

1 ディスプレイ広告

視聴者の動画タブの右上に表示される、静止画のバナー広告枠です。

動画の再生を妨げずに、画面の端の方に表示されるので、視聴者に不快感を与えずに広告を設置することができます。このようにディスプレイ広告は動画を中断しないため、表示されるのがデフォルトになっています。

2　オーバーレイ広告

視聴者が動画を閲覧する際に、途中で「ピョコン」と表示される横長のバナー広告枠です。

動画の視聴を大きくは妨げないバナー広告ですが、下にテロップが表示される動画の場合、テロップに広告がかぶさる形になることもあります。

視聴者側は、その見にくさを回避するために、広告に表示される「×」印を押すことにより、バナーを非表示にすることができます。

興味がある場合は、そのバナーをクリックすれば、出稿されている商品やサービス紹介のページに遷移します。

3　スキップ可能な動画広告

ＹｏｕＴｕｂｅ上で再生される動画形式の広告です。動画の再生前後や再生中に流れるシステムになっています。皆さんもＹｏｕＴｕｂｅで動画を視聴する際に、「５秒後からスキップできます」といった表示の広告動画を頻繁に目にするのではないでしょうか。

4　スキップ不可の動画広告

基本的な露出先は「スキップ可能な動画広告」と同じですが、途中でスキップができない点で異なります。ですから、５秒ではなく動画のすべてを観て内容がわかるような、骨太な広告が多い傾向にあります。

デメリットとしては、スキップできないことで、視聴者に不快感を与える側面が少なからずあります。

5　バンパー広告

動画の再生前に入る、６秒以内の動画広告です。スキップ不可という点では４と同じですが、こちらは最大６秒と短いのが大きな違いです。

（参考　https://support.google.com/youtube/answer/2467968?hl=ja
https://creatoracademy.youtube.com/page/lesson/how-ads-work_ad-formats_image?hl=ja）

なお、自分が広告を出す場合の予備知識としては、これらの他に、「マストヘッド広告」という、ＹｏｕＴｕｂｅのサイトトップ画面に表示される広告も存在します。

1. ディスプレイ広告

動画の右側に表示

2. オーバーレイ広告

動画の再生画面の下部に表示

3. スキップ可能な動画広告

動画の再生前後や再生中に表示（3 分以内）

4. スキップ不可の動画広告

動画の再生前後や再生中に表示（20 秒以内）

5. バンパー広告（スキップ不可）

動画の再生前に表示（6 秒以内）

広告の種類は本書制作時点のものとなり、変更の可能性があります。

パートナープログラムの利用資格

実際に広告収益を得るには、まず「YouTubeパートナープログラム」に加入する必要があります。加入にあたっては審査があり、その条件として次の内容が提示されています。

YouTubeパートナープログラム「利用資格の最小要件」

1. すべてのYouTubeの収益化ポリシーを遵守している。
YouTubeの収益化ポリシーとは、YouTubeでの収益化を可能にする一連のポリシーです。YouTubeパートナーがYouTubeで収益を得るには、YouTubeパートナープログラムのポリシーをはじめとする契約により、収益化ポリシーを遵守することが求められます。
2. YouTubeパートナー プログラムを利用可能な国や地域に居住している。
3. チャンネルに有効なコミュニティ ガイドラインの違反警告がない。
4. 有効な公開動画の総再生時間が直近の12か月間で 4000時間以上である。

5．チャンネル登録者数が１０００人以上である。

6．リンクされているＡｄＳｅｎｓｅアカウントを持っている。

（引用 https://support.google.com/youtube/answer/72851?hl=ja）

チャンネル収益化の条件

このようにＹｏｕＴｕｂｅのチャンネル収益化の条件はいくつかありますが、大きくは次の２つです。

- **チャンネル登録者数１０００人以上**
- **公開動画の総再生時間が直近12カ月で４０００時間**

この２つ以外は、基本的に設定上の条件なので問題なくクリアできるはずです。

チャンネルをスタートしたての頃は、まず「チャンネル登録者数１０００人」を目指すとよいでしょう。目安として、チャンネル登録者数１０００人を超えると、公開動画の総再生時間４０００時間に達している場合が多いからです。

YouTube パートナー プログラムの概要と利用資格

YouTube Studio 上の「収益受け取り」をクリックすると、この画面が表示されます。

オススメの広告設定

「設置できる広告が複数あって、どれを選べばいいかわからない」という方も多いと思います。

そんな方におすすめなのが、「スキップ不可動画」以外の選択をオンにすることです。

理由としては、様々なＹｏｕＴｕｂｅチャンネルの視聴者の行動調査などをしていると、「スキップ不可の動画」は視聴者に「広告がスキップできなくて不快だ」という感情を抱かせて、その場で動画の離脱に繋がってしまうからです。

もちろん、チャンネル登録者が数万人以上いて、安定的にチャンネルを視聴してくれている場合は、スキップ不可の動画を挿入しても離脱には繋がりにくい傾向にありますが、チャンネル登録者が１０００人を超えたばかりなどのチャンネルでは選択しないことをオススメします。

また、ＹｏｕＴｕｂｅにアップした広告を設置する該当の動画が８分以上の場合は、動画の前、途中、後にも動画広告を配置できるので、こちらも全てオンにして選択しておきましょう。

動画広告おすすめの設定（画面）

広告の種類は本書制作時点のものとなり、変更の可能性があります。

最初の目安は「半年で100本投稿」

コンサルティングをしている会社の担当者や、自身で発信している社長さんに、よくこんなことを聞かれます。

「YouTubeはスタートしたてのとき、どれくらいの頻度でアップすればいいのですか?」「1日5本くらいアップしようと思うのですがどうでしょうか?」

こういった具合に、投稿頻度を気にされている方が多いと思います。「本数と頻度」「投稿時間」の2点について、それぞれ最適な答えを見ていきましょう。

▶本数と頻度

動画の投稿本数に関しては、**まずは「半年で100本を目指す」ということが、最低の目標ライン**となります。理想は「毎日投稿」ですが、それは難しいという方も多いのが実情です。本業の仕事をしつつ、さらにYouTubeの撮影や編集、アップまでしていくのは、かなり時間がかかることでしょう。

ですから、最初はとにかく動画の質にはあまりこだわらず「とりあえず動画をアップしていく習慣をつける」ということに専念していきましょう。毎日の歯ミガキのように習慣化すると、非常にスムーズに動画が投稿できます。

投稿時間

動画投稿のタイミングは、できれば毎回時間を固定しましょう。YouTube全体として、視聴者が最も多くなる時間は18～23時あたりなので、投稿は毎日「夜」にするというのもよいでしょう。

逆に、ビジネス系のチャンネルであれば「朝」の通勤時間などを狙い「毎朝8時アップ」などとするのも手です。

人気ユーチューバーのHIKAKINさんは、インタビューに応じたなか、YouTubeを伸ばす戦略として、「投稿時間を毎日夜7時に固定」という話をしています。また、自身の動画の中でも「毎日7時アップ」ということを発信しています。そうすることにより、動画がアップされるタイミングを視聴者が掴みやすくなり、毎日定期的に訪れたくなる心理が生まれます。

「月9ドラマ」などのフレーズがあるように、「毎週月曜日の夜9時は、面白いドラマをやっている！」という認識を持ってもらうことにより、視聴者のファン化が進みやすくなるわけです。

ＴＢＳの人気ドラマで、ガッキーこと新垣結衣さん主演の「逃げるは恥だが役に立つ」は、毎週火曜日の夜10時に放送されていました。私の友人も食い入るように観ながら、毎週火曜日の10時を待ち遠しく感じていて、ドラマが終わった後には「ガッキーロス（＝新垣さんが観られなくなって感傷的になる状態）」だったのを覚えています。

（参考　YouTuber スクール レッスン⑧ 投稿頻度の大切さ HIKAKIN https://youtu.be/qGr_kIB4CNQ）

無料で使えて便利なリサーチ・分析ツール

動画の編集に関して便利なツールがあることをお伝えしましたが、競合となるチャンネルをリサーチしたり、伸びている動画を分析し、自分のチャンネルの参考にするためのツールにも良いものがあります。無料のものと比べれば、有料のものがおすすめなのは間違いないですが、無料でも充分に使えるツールが少なくありません。

ここでは、数ある中から厳選したツールを4つご紹介します。

これらのツール活用のメリットは、YouTubeチャンネルの日々のネタ探しや、トレンドのキャッチアップ、トップ層で伸びている動画の確認などができることです。絶えず情報をアップデートして、新鮮なコンテンツを考えるためのヒントを得ることができます。

自分の中だけでネタやチャンネルを探そうとすると、視野が狭く、似たようなチャンネルばかりにたどり着いてしまう場合が多いですが、これらのツールによって「自分では思いもよらなかった発見」をすることができます。

NoxInfluencer

https://jp.noxinfluencer.com/

無料版 あり

有料版 月額 69$、月額 109$、209$

各 YouTube チャンネルの月間の広告収益や、過去のチャンネル登録者数の推移をリサーチできます。

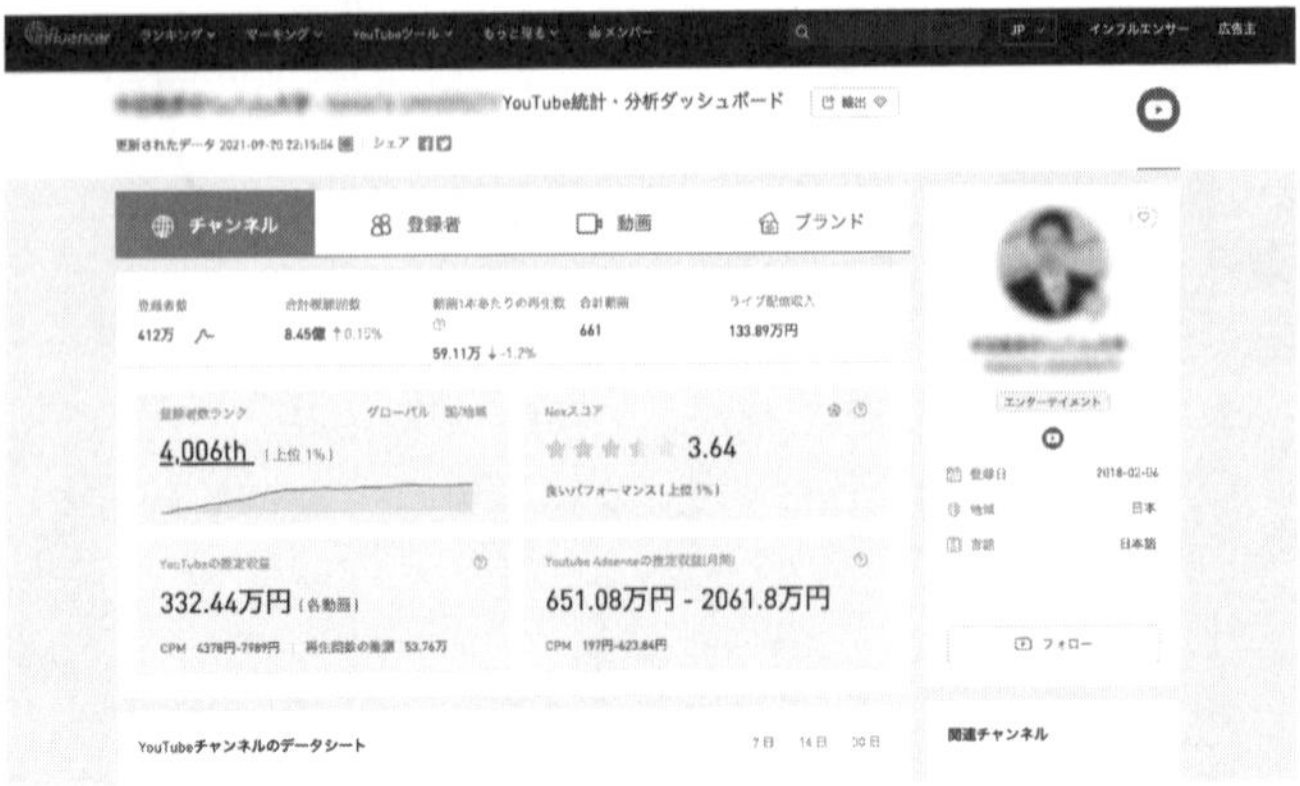

kamui tracker

https://app.kamuitracker.com/

無料版 あり

有料版 価格非公表

（有料版をご希望の方はサイトから直接お問い合わせください）

トレンドのチャンネルや、キーワードを分析することができます。自身のチャンネルに関連するチャンネルやキーワードを参考にし、ヒット動画を作るヒントにしましょう。

ユーチュラ

🌐 https://ytranking.net/

YouTube関連のニュースや速報などがまとまっているWebサイト。ジャンルはエンタメ系のコンテンツが多いですが、YouTubeチャンネルの登録者数ランキングが月間〜年間で出ており、トップのチャンネルや急激に伸びているチャンネルを確認することができます。

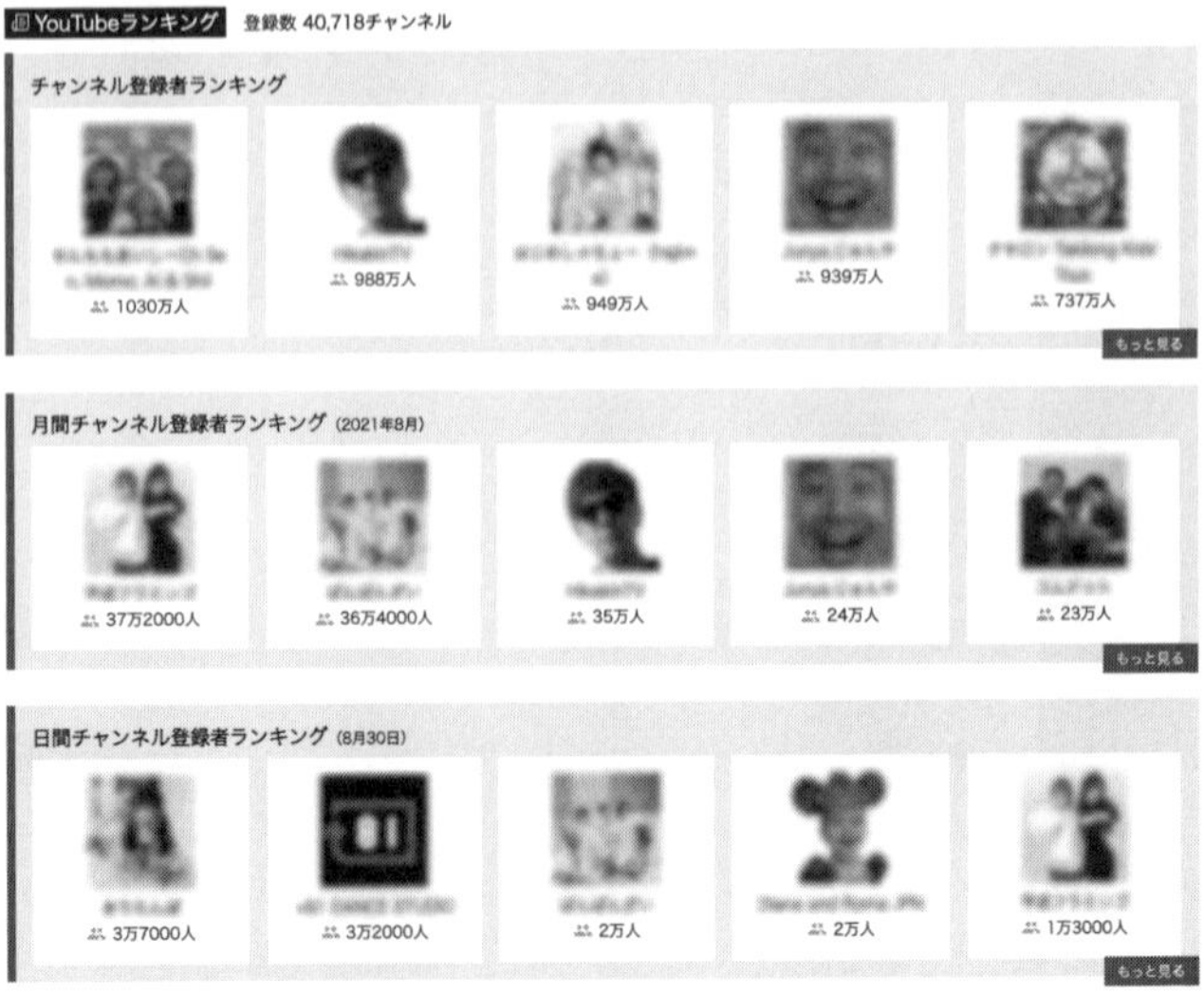

vidIQ

https://app.vidiq.com/

無料版 あり

有料版 月額 10$、月額 49$、月額 499$

指定したキーワードに基づく「関連キーワード」や、指定キーワードを含む「急上昇中の動画」などをリサーチすることができます。また、現在、自分が閲覧している動画やチャンネルに付随している「チャンネルタグ」「動画タグ」を確認することができます。

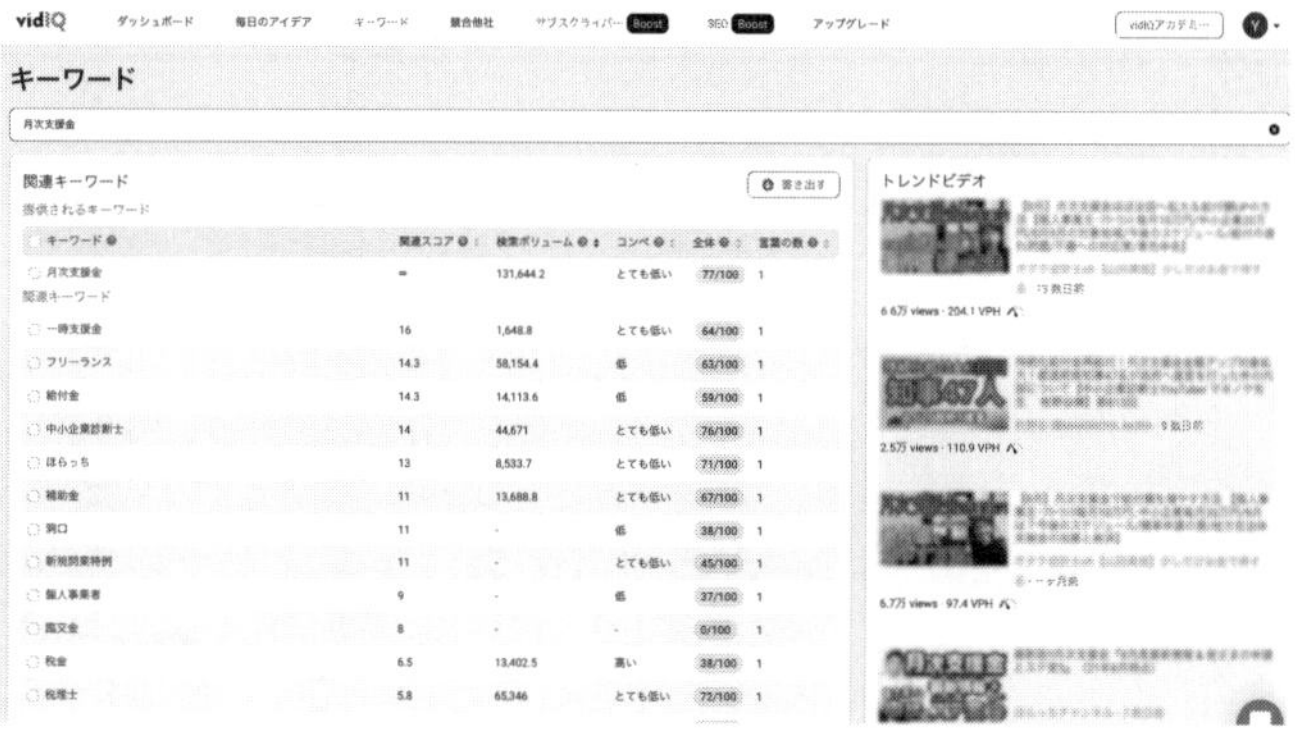

広告収益以外のマネタイズをしよう

広告による収益以外にもYouTubeを使ったマネタイズの方法はあります。集客やバックエンドの商品・サービス販売への入り口ともなるルートと活用のコツを、5つお伝えします。

1　メンバーシップ（YouTube上）
2　スーパーチャット（YouTube上）
3　オンラインサロン
4　自社サービスや商品への誘導
5　広告タイアップ枠

1、2の利用にあたっては、チャンネル登録者数が1000人以上などの条件があります。

1 メンバーシップ（YouTube上）

YouTube上の月額会員サービスです。自身のYouTubeチャンネルのメンバー会員だけに動画を公開したり、様々な特典を用意することで、毎月収益を得ることができます。

メンバーシップは月額90〜6000円の範囲で金額を設定することができるので、自身のファンがどれだけついてくるか、特典とのバランスを考慮しながら、メンバーシップの内容と金額を決めていきましょう。

月額490円や980円など、気軽に出せる価格帯が集まりやすいイメージです。

2 スーパーチャット（YouTube上）

YouTubeのライブ配信時や動画の公開時に、視聴者が自分のメッセージを目立たせてトップに表示する権利を購入するための機能です。時々に応じて権利を購入する、〝投げ銭〟のような機能で、俗に〝スパチャ〟と呼ばれています。

ライブ配信時は特に、視聴者と直でリアルにやりとりをするのがうまい方に向いている機能と言えます。ただし突発的な売上なので、企業や法人としての収益の柱とはなりにくいでしょう。

3　オンラインサロン、オンラインコミュニティ

YouTubeでチャンネルのファンになってくれた方に向けて、さらなる特典、YouTube外での濃いコミュニティ形成として使われる場合が多いです。自身のサイトを立ち上げたり、Facebookグループを使用したり、DMMオンラインサロンというオンライン管理サービスを使用したりするケースが一般的です。

有名なところで2つほどご紹介しましょう。

中田敦彦さんのオンラインサロン「PROGRESS」では、YouTubeチャンネルの収録の様子がZoomで視聴できるほか、毎日のホームルーム（朝の会）の視聴や、メンバー同士でのZoomやTwitterを使った交流などが行われています。

また、税理士の大河内薫さんは、YouTubeを活用してお金の知識を発信しているほか、Facebookを使った月額制のオンラインコミュニティを運営しています。著書の『お金のこと何もわからないままフリーランスになっちゃいましたが税金で損しない方法を教えてください！』（サンクチュアリ出版）はベストセラーになっています。

4　自社サービスや商品への誘導

動画のエンドロール、及び動画やYouTubeチャンネルの概要欄などで、自社の製品ページやバックエンドの商品・サービス（コンサルティングのパッケージなど）を宣伝し、そこへの受注に繋げていくケースです。

初めてホームページに来訪する場合と比べると、既にあなたやあなたの会社をなんとなく知っている状態なので、成約率はかなり高くなるはずです。しっかりとした商品やサービスがある場合は、この収益の柱が大きくなるでしょう。

具体的な方法は次のセクションでお伝えします。

5　広告タイアップ枠

自身のYouTubeの動画枠を、広告のタイアップとして他社に売り出すという手法です。

例えば、コスメをたくさん紹介しているインフルエンサーのYouTubeチャンネルであれば、化粧品会社の製品の使用感を紹介するタイアップ広告を作成することで、その製品の企業から対価をもらえます。

動画を公開するにあたっては、その動画がプロモーションであることを視聴者に知らせる必要があるので、説明欄にその旨を明記したり、アップの際にYouTube Stu dio上で「有料プロモーション」の項目にチェックをするか、動画の説明欄に「○○企業とのタイアップ案件」などの記載をしましょう。

（参考「YouTubeメンバーシップについて」
https://creatoracademy.youtube.com/page/course/channel-memberships?hl=ja
https://support.google.com/youtube/answer/7544492?hl=ja）

YouTubeから自社商品への効果的な誘導方法

視聴者をYouTubeから自社の商品・サービスやオンラインサロンなどに誘導するには、「動画のエンドロール」や「説明欄」を活用することが効果的です。その具体策とポイントをご紹介します。

エンドロールの効果的な使い方

これはYouTube上では終了画面と呼ばれており、動画アップロード時の「動画の要素」やYouTube Studio上の「終了画面」タブから設定することができます。

終了画面の表示時間は、5秒～20秒の間で設定可能です。

動画を視聴してくれた視聴者に対して、他の動画を宣伝したり、チャンネル登録を促すなどの目的に利用できます。具体的には、**「視聴者に適したコンテンツ」「最新のアップロード」「特定の動画」「チャンネル登録ボタン」**などです。

この終了画面を使って、自社の商品・サービスやオンラインサロンに誘導する手もありますが、その場合は、ちょっとしたコツが必要です。

普段は視聴者にとって価値のある情報を発信しつつ、自社の商品・サービス（またはオンラインサロン）の説明動画も、20本に1回くらいの割合で撮っておきます。そして終了画面に、その自社誘導コンテンツを設定するのです。

視聴者にとっては、毎度自社のPRやサービスの説明では「また宣伝か」と思ってしまいますが、普段有益な情報を無料で届けてもらっていれば、「たまには宣伝の動画が混ざっていてもいいかな」と思うものです。

（参考「動画に終了画面を追加する」
https://support.google.com/youtube/answer/6388789?hl=ja）

動画の「説明」欄に入れたいこと

興味を持った視聴者をしっかり誘導できるよう、動画の「説明」欄には、紹介した商品・サービス、その他の自社商品・サービス、オンラインサロンなどの説明やURLを

エンドロールの例

終了画面の設定画像

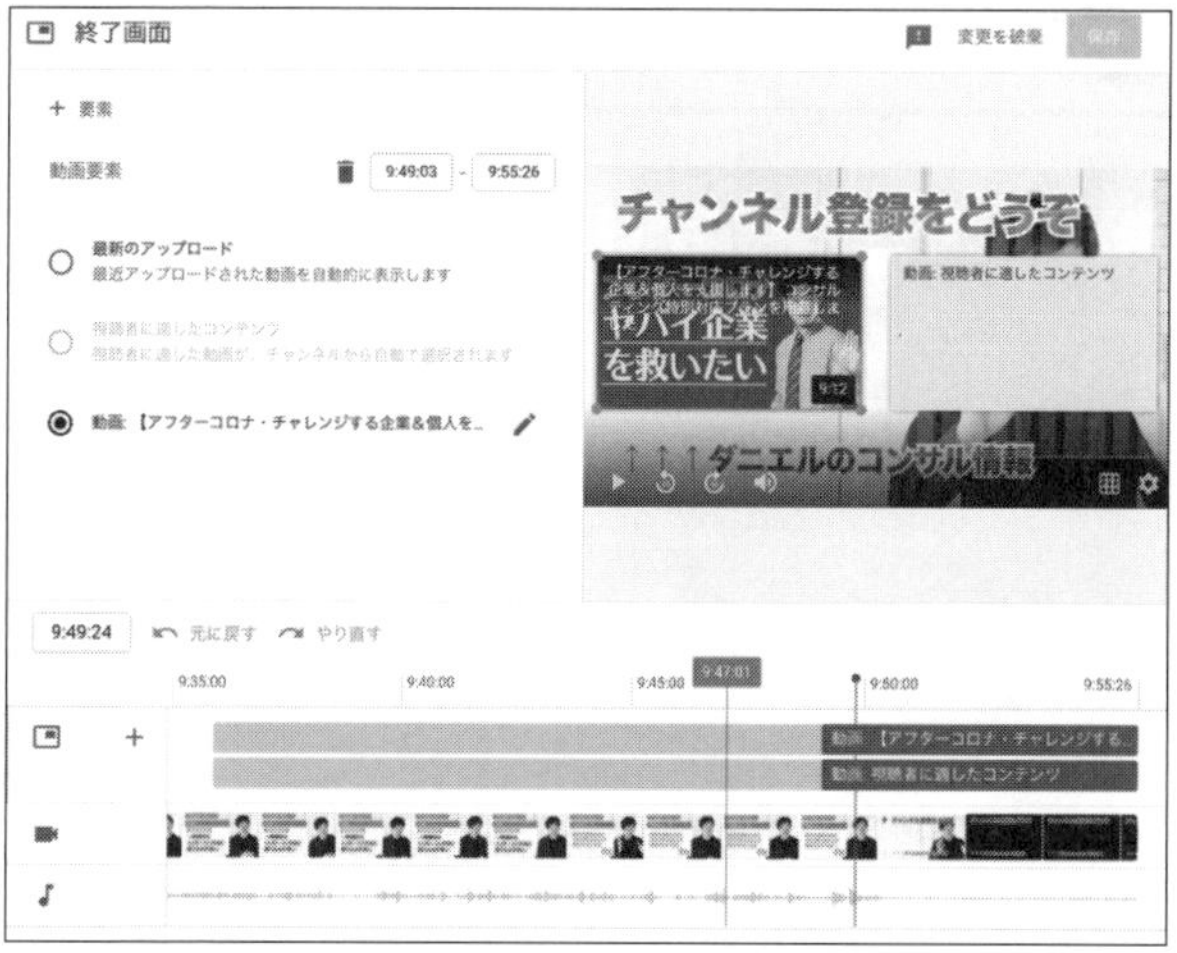

入れておくと良いでしょう。
また、動画に関連する商品について、アフィリエイトリンクなどを貼っておくのもよいでしょう。例えば、動画内で紹介した商品を購入できるURLを「説明」欄に貼っておき、そこから視聴者が商品を購入してくれた場合、クリエーター側に手数料が入ってくるといった仕組みです。

• Amazonアソシエイト
https://affiliate.amazon.co.jp/

• 楽天アフィリエイト
https://affiliate.rakuten.co.jp/

「YouTubeライブ」を活用する
――1日で200万円売り上げるお店

第1章でも触れましたが、YouTubeでは単に撮影した動画を見てもらうだけにとどまらず、ライブ機能も活用することができます。

ライブ配信を通して実演販売を行うことも可能です。新型コロナウイルスの影響により、実店舗での営業が困難になった事業者が多いなか、ライブ配信には今後かなりのポテンシャルがあるといえるでしょう。

ライブ配信のメリット

- 1対「1」ではなく、1対「不特定多数」の発信ができる
- 一方向ではなく、コメントなどで視聴者と双方向のコミュニケーションを取りながら、販売できる
- リアル店舗を構えずとも、D2C（Direct to Consumer＝消費者直接取引）やオンラインだけでの販売が可能
- 配信場所は国内外を問わず、自由がききやすい

YouTubeライブを使って実際に販売を行うときのポイントは、次の2つです。

- 受け皿となるECサイトや、注文受付のフォーム（LINEでも可）があるとよい

・購入してもらいたい商品の販売サイトのURLを、説明欄やコメントに貼る

私のクライアントの化粧品会社では、YouTubeライブ販売の実演で1日に200万円ほど売り上げているお店があります。

「そのパックはどんな風に使うの？」「そのファンデーションの中身や塗り心地を見せて」「化粧水の使用感は？」などと、視聴者がライブ販売中にお店に質問をし、実際にお店側はその実演の様子を配信しているのです。

すると、その様子をわかりやすく動画で見た視聴者が、すぐに販売サイトから商品を購入してくれるのです。

テレビの通販番組をよく見ていた方ならわかると思いますが、動画というのはとても訴求力が高く、商品の性能もしっかり伝わってきます。そして、ついつい商品を買ってしまうのです。

ライブ販売の場合はさらに、コメント機能で画面の中の人とコミュニケーションを取ることができ、まるでテレビの中にいる人と接触しているかのような感覚が得られます。YouTubeのライブ販売は、いわば「進化版テレビ通販」とも言えそうです。

YouTubeにアップしてはいけないコンテンツ

YouTubeに動画をアップロードする際には、YouTubeのコンテンツ規定に引っかからないよう配慮しなくてはなりません。アップした動画は、あなたやあなたのイメージに直結するので、その意味でも常に気を配っておきたいものです。

YouTubeが禁止している投稿内容

YouTubeではコミュニティガイドラインを掲げ、利用者にルールを遵守するよう訴えています。具体的には、次の内容が示されています。

スパムと欺瞞行為

YouTubeコミュニティは、信頼の上に成り立つコミュニティです。他のユーザーに誤解を与えたり、詐欺、スパム、不正を行ったりすることを目的としたコンテンツは、

YouTubeで許可されません。

・スパム、欺瞞行為、詐欺に関するポリシー
・なりすましに関するポリシー
・外部リンクに関するポリシー
・虚偽のエンゲージメントに関するポリシー
・その他のポリシー

デリケートなコンテンツ

YouTubeは、視聴者やクリエイターの保護、特に未成年者の保護に努めています。そのため、ヌードや性的なコンテンツ、自傷行為が児童の目に触れないようにするルールを制定しています。YouTubeで許可されるコンテンツと、ポリシーに準拠していないコンテンツを見つけた場合の対処方法については、以下のリンクからご確認ください。

・ヌードと性的なコンテンツに関するポリシー
・サムネイルに関するポリシー
・子どもの安全に関するポリシー

・自殺と自傷行為に関するポリシー

暴力的または危険なコンテンツ

ＹｏｕＴｕｂｅでは、悪意のある表現、搾取行為、暴力的な描写、悪意のある攻撃や、有害で危険な行為を助長するコンテンツが禁止されています。

・有害または危険なコンテンツに関するポリシー
・暴力的で生々しいコンテンツに関するポリシー
・暴力犯罪組織に関するポリシー
・ヘイトスピーチに関するポリシー
・ハラスメントやネットいじめに関するポリシー

規制品

一部の商品は ＹｏｕＴｕｂｅで販売することができません。販売が許可される商品と禁止される商品についてご確認ください。

・違法または規制対象の商品やサービスの販売に関するポリシー
・銃器に関するポリシー

誤った情報

特定の種類の誤解を招くコンテンツまたは虚偽が含まれるコンテンツで、深刻な危害を及ぼす可能性のあるものはＹｏｕＴｕｂｅで許可されません。これには、現実の世界で危害を与える可能性がある特定の種類の誤った情報（有害な治療法の喧伝、技術的に操作された特定の種類のコンテンツ、民主的な手続きを妨害するコンテンツなど）が含まれます。

・誤った情報に関するポリシー
・選挙の誤った情報に関するポリシー
・ＣＯＶＩＤ－19（新型コロナウイルス感染症）の医学的に誤った情報に関するポリシー

（引用「ＹｏｕＴｕｂｅのコミュニティ ガイドライン」
https://support.google.com/youtube/answer/9288567?hl=ja）

その他、コミュニティ ガイドラインの基礎となる「ＹｏｕＴｕｂｅのポリシー」なども公開されているので、サイトをチェックしてみてください。

広告がつかなくなってしまう動画とは

また、広告収益を求める際に気をつけておかなければならない点があります。それは、「なんでもかんでも、すべての動画に広告が挿入できるわけではない」ということです。「Ｇｏｏｇｌｅ広告のポリシー」に基づいて広告の審査が行われており、ＹｏｕＴｕｂｅは各動画に「広告を差し込んでもよいか」をＡＩにより自動で判別しています。

Ｇｏｏｇｌｅ広告のポリシーでは「禁止コンテンツ」として次の内容が示されています。

偽造品

Ｇｏｏｇｌｅ広告では偽造品の販売や宣伝を禁止しています。偽造品とは、他の商標と同一、またはほとんど区別がつかない商標やロゴを使用している商品を指します。真正品と偽って販売するためにブランドの特徴を模倣したものを指します。このポリシーは広告およびウェブサイトやアプリのコンテンツに適用されます。

危険な商品やサービス

Googleではオンライン／オフラインを問わず人々の安全を保護したいと考えているため、損害、損傷、危害を引き起こすような商品やサービスの宣伝は認められません。危険な商品やサービスの例：危険ドラッグ（ケミカルやハーブ）、向精神薬、薬物を使用するための器具、武器および兵器、銃弾、爆薬および花火、有害な物品（爆発物など）の作成手順、タバコ関連商品

不正行為を助長する商品やサービス

Googleでは、不正な行動の実現を目的とする商品やサービスの宣伝は認められません。

不正行為を助長する商品やサービスの例：ハッキング ソフトウェアおよびハッキング方法を説明するもの、広告やウェブサイトのトラフィックを人為的に水増しするサービス、偽造文書、受験代行サービス

不適切なコンテンツ

Googleでは多様性を尊重し、他者への思いやりを大切にしています。そのため、

衝撃的なコンテンツを表示したり、憎しみ、偏見、差別を助長したりするような広告やリンク先は許可していません。
攻撃的または不適切なコンテンツの例：個人や団体を対象としたいじめや脅し、人種差別、差別扇動団体が利用するツール、犯罪現場や事故現場の生々しい画像、動物の虐待、殺人、自傷行為、ゆすりや恐喝、絶滅危惧種の販売や取引、冒とく的な言葉を含む広告

（引用「Google広告のポリシー」
https://support.google.com/adspolicy/answer/6008942?hl=ja）

広告の審査プロセスについて

また、広告の審査の仕組みやプロセスについて、Googleは次のように示しています（一部抜粋）。

広告の審査の仕組み

広告や広告表示オプションの作成や編集が終わると自動的に審査プロセスが始まり、

広告内のコンテンツ（広告見出し、説明文、キーワード、リンク先、画像や動画など）が審査されます。
審査を通過した広告はステータスが「有効」に変わり、掲載が開始されます。審査でポリシー違反が見つかった広告はステータスが「不承認」に変わり、どこにも掲載できなくなります。この場合、広告主には、ポリシー違反があった旨と対応方法についてのお知らせが届きます。

（引用「広告の審査プロセスについて」
https://support.google.com/adspolicy/answer/1722120?hl=ja）

自分のことは自分が一番客観的に見られない

YouTubeを始めて続けていくなかで一番大切なことは何かと言うと、自分もしくは自社のチャンネルに対して「赤の他人がどう思っているか」を知ることです。言い換えれば、「客観性」が一番大切なのです。

これは私がYouTubeのプロデュースやコンサルをしているすべてのクライアントさんにお伝えしていることですが、「自分のことは絶対に自分では客観的に見られない」ので、必ず〝他人の目線〟をチャンネルに入れてください。

私自身、チャンネルを運営していますが、その良し悪しや改善点は、必ず人に聞いています。具体的には、

「この動画、10分もあって飽きがこないか」
「客観的に観てどこか改善点はあると思うか」
「サムネイルや最初の導入のテンポなどはどうか」

ということを複数人に確認して、フィードバックをもらうようにしています。私のように他人を客観的にプロデュースする職業であっても、「自分のこと」はわからないのです。なぜなら、自分のことを精神的にも物理的にも外から見ることができる人はこの世に存在しないからです。どんなに冷静で客観的な人であっても、こと自分自身に関しては冷静に判断できないものです。

ですから、チャンネルを立ち上げたら、頻繁に人にフィードバックを求めることをおすすめします。家族、友人、同僚、会社の外の人、あるいは専門的なコンサルタントやそれに近いことをしてくれる人に頼むのもありでしょう。ＳＮＳなどにYouTubeの動画をアップして「成長したいので辛口な感想をお待ちしています」と書くと、意外なほどに周りの人は協力してくれるものです。

特に最初の頃は「話し方が、間が空きすぎて聞きづらい」とか「動画の音量が小さい」「動画が暗い」など、自分では気づかないフィードバックが得られたりもします。

繰り返しますが、「自分のことは自分が一番客観的に判断できない」ということを踏まえ、「赤の他人のフィードバックを取り入れていく」ということを大切にしましょう。そうすると、あなたの動画は劇的に改善されていき、動画の視聴回数やチャンネル登録者数もグンと伸びていきます。

第4章

ここで差がつく！
動画ビジネス飛躍のヒント

チャンネル成長のカギは「ストック」と「フロー」のバランス

YouTubeチャンネルを、適度に新規の視聴者にリーチしながら成長させていくためには、どうすればよいでしょうか。

そのカギとなるのが、**「ストック」型と「フロー」型の動画を効果的に使っていくこと**です。まずは、「ストック」と「フロー」について、押さえておきましょう。

▶ストック型動画

毎月、毎年、継続的に再生される動画。トレンドや時事性に左右されない、しっかりとしたニーズに基づく動画。長期的、永続的な需要が見込める。

例「確定申告の方法」「毎日ラクにできる3分ダイエット」「初めての肉じゃがの作り方」「新卒サラリーマンの名刺の渡し方」など

右記のような、確定申告やダイエット、料理の方法、新卒のビジネスマナーなど、毎年、あるいは年じゅうニーズのあるコンテンツは、「ストック」型として着実に、長期的に再生される側面を持っています。逆に言えば、いきなりグッと伸びるようなことはなく、再生回数の増え方もなだらかです。

あなたの運営するチャンネルのテーマにも、深掘りすればこのような長期的なニーズを探せるはずです。チャンネルが長期的に伸びていくという観点でも、ストック型動画はあなたのビジネスについて長期的に発信していく、〝財産〟としての動画になります。

▶フロー型動画

ストック型動画とは対照的に、トレンドに乗って一気に再生回数を稼ぐ、新規の視聴者を開拓できるような動画。水もので鮮度が命、トレンドや流行に基づくコンテンツ。

例「新型コロナウイルス助成金まとめ」「iPhone12の開封動画」「ガッキーと星野源、結婚の裏側」「BTSのダイナマイト歌ってみた」

右記のようなタイトルの動画は、季節性のものや流行、時事ニュースと自身のチャンネルのテーマをうまく絡めることにより、再生回数の爆増を狙っています。こうしたフロー型動画は関連動画も多く、そこからの流入もより増えます。

しかし、動画を出すタイミングが遅れたりすると、あまり再生回数が増えない傾向にもあり、スピードや鮮度が命となります。飛び道具的な動画と考えるといいかもしれません。また、著作権に問題のありそうな動画や、信憑性のないコンテンツなどは、動画の広告がつかなかったり（収益化が許可されない）、個人の動画コンテンツよりもニュースサイトや権威のあるメディアのコンテンツが優先される、といったケースもありますので、注意が必要です。

両タイプの使い分け方としておすすめなのが、**「ストック型動画」で数年スパンの長期展望で再生回数を増やしていきながら、時事・トレンドネタなどを絡めた「フロー型動画」によって一気に視聴者数、チャンネル登録者数を増やす**という戦略です。

「攻め」と「守り」の動画と考えるとわかりやすいかもしれません。

アップする量の配分としては、「ストック型動画7割：フロー型動画3割」のような比率で動画を作っていくとよいかと思います。

ストック型だけだとチャンネルの伸びが低調で、フロー型だけだと、常にトレンドや流行のネタをアップしていかないとチャンネルが伸びていかず、自転車操業のように疲弊してしまうという側面があります。

ストック型とフロー型の動画特性

ストック型動画
継続的、毎年視聴
「確定申告の方法」 「毎日3分ダイエット」 など

フロー型動画
瞬間風速的な動画
「iPhone 新作開封」 「新型コロナウイルス助成金」 など

「続けるだけで上位1％」の法則

多くの個人や企業がYouTubeで躓《つまず》くポイントは何だと思いますか。ネタ切れ？　編集がうまくいかない？　いいえ違います。様々なチャンネルが陥りがちなのは「続かない」という点です。

私の体感的に、全体のチャンネル数が100とすると、90以上のチャンネルは2、3カ月も経たずに動画のアップをやめてしまいます。なぜでしょうか。

YouTubeは「二次関数的に伸びる媒体」

理由はいろいろ考えられますが、よくあるのは「最初の投稿で、伸びないと思ってしまう」とか、「最初から動画作りに凝って撮影や編集をしてしまう」ためです。

投稿して1、2カ月でいきなりバーンと伸びるのは、ごくごく少数の相当センスがあるチャンネルのみ。喩えるなら、勉強をあまりしていない（ように見える）のに、東大に受かってしまうような人です。

YouTubeでこういうタイプを目指すのはやめましょう。スタートから1、2カ月で劇的に伸びていき、再生回数1万回をすぐに突破するようなチャンネルはごく稀で、0・01％くらいのトップのカリスマの話なのです。

そこで認識しておいてほしいのが、「YouTubeは二次関数的に伸びるメディア」だということです。チャンネルを立ち上げて初期のうちは、ほとんど視聴されません。無数にある動画の中から、スタートして1本目の動画が発見されるはずもなく、最初の1カ月くらいは「5～20再生」が普通です。

またYouTube側も、新しいチャンネルをすぐ「おすすめ」や「関連」に積極的に出そうとしません（それらは無人のアルゴリズムで決定されていますが）。なぜなら、「おすすめ」や「関連」などに載せて、一時的に再生回数やチャンネル登録者数が伸びたとしても、まだ実績がなく、今後そのチャンネルが定期的に動画をアップする保証がないからです。

YouTube側は「視聴者が長時間閲覧する動画、すぐに離脱しない動画を作れているか？」「しっかりと定期的に動画をアップしているチャンネルか？」といった点を評価しており、その基準に達したチャンネルや動画が積極的に「おすすめ」や「関連」などに露出されるのです。

すると、視聴回数やチャンネル登録者数がどんどん増えていきます。次ページにあるグラフのような指数関数的な伸びを示す場合が多い傾向にあります。

「目標は半年で１００投稿」「質よりも量」という話をしたのは、そのためです。

まずはストック型でコツコツと積み重ね、二次関数的な曲線で再生回数やチャンネル登録者数が増加するのを目指すとよいでしょう。この点を理解しながら、最初はひたすら辛抱する期間を耐えていきましょう。そこを抜けると必ず明るい未来がやってきます。

私の運営するチャンネルも、最初の４カ月で60本程度、動画をアップし、ほぼ再生回数は上がりませんでした。しかし、１年経つと登録者数が２・５万人にまで成長していたのです。

まずは「続けること」を目標にしよう

したがって、最初のうちはとにかくＹｏｕＴｕｂｅ側に認識してもらうこと、少しずつでも動画のデータをＹｏｕＴｕｂｅに蓄積すること、高速でＰＤＣＡを回していくことが重要です。

二次関数的な伸びを見せるグラフ

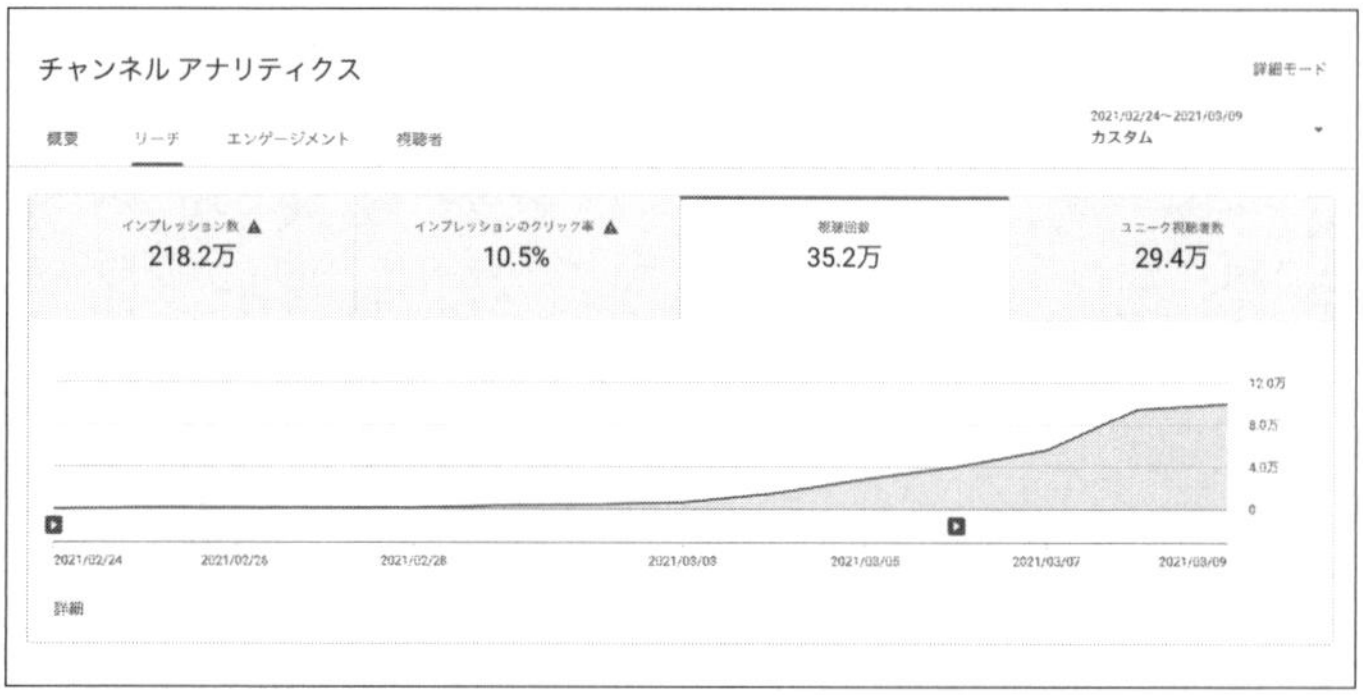

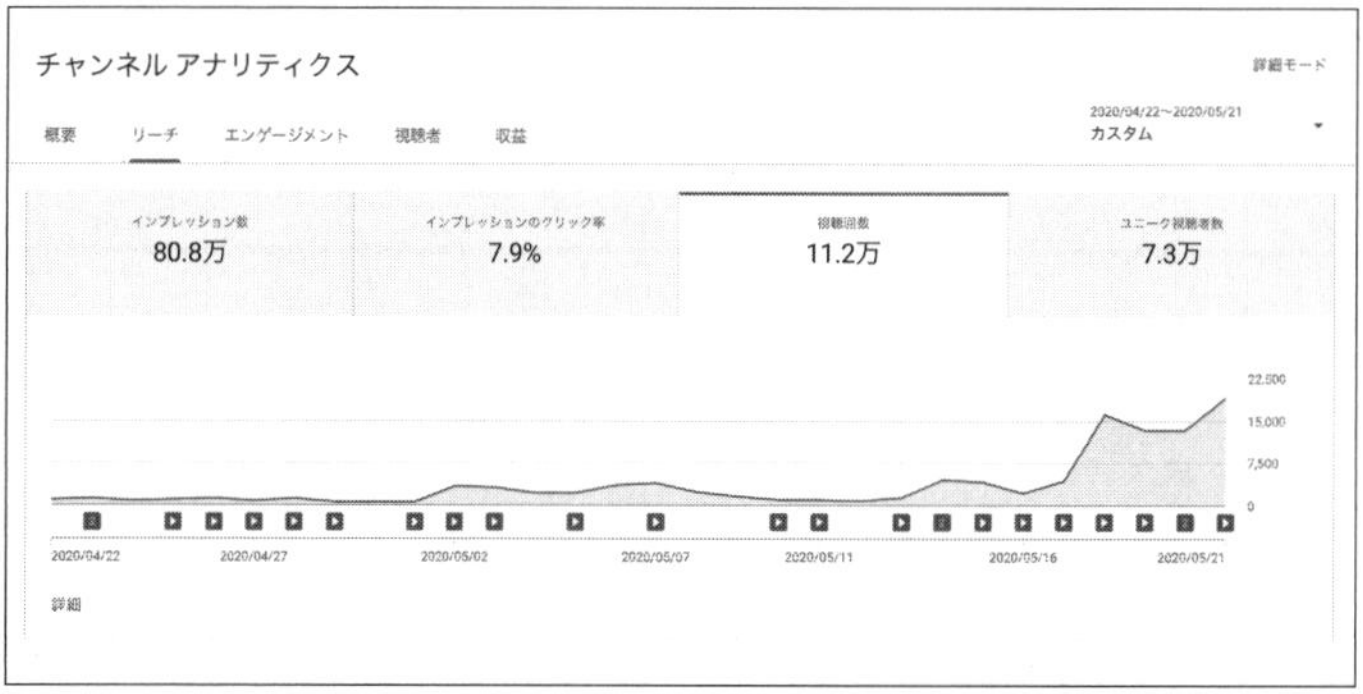

＊「YouTube Studio」→「アナリティクス」→「概要」から
このようなグラフを確認できる

その点で言うと、良質な内容の動画を作ることは大切ですが、最初から撮影や編集に凝りすぎて多くの時間を費やすのは、損失でしかありません。

様々な企業や個人のYouTubeプロデュースをお手伝いしてきたなか、よく言われる「1％の法則」はYouTubeにも当てはまると実感しています。

1％の法則とは、例えば「明日から痩《や》せよう！　運動しよう！」と思った人のうち、実際に運動や食事制限を継続してダイエットに成功する人は100人中1人しかいない、といったことです。実際にそういう統計があるそうです。

それと同様に、私の感覚では、「YouTubeはビジネスと相性が良い」と感じる人が100人いたとして、YouTubeを始める人はそのうちの10人程度、さらに1年間コツコツと動画をアップし続けるのはその中の1人、つまり1％程度なのです。公式なデータはありませんが、この予測はかなり的を射ているかと思います。

私のFacebookの友人知人で、情報感度の高い経営者や個人事業主の方々が、2020年頃からドサッとYouTubeを始め、SNSでも「ビジネス系のチャンネルを立ち上げました！」と高らかに宣言していました。全員で50人くらいはいたのですが、1年ほど経って、彼らのアカウントをすべて1つ1つチェックしにいってみると、しっかり継続的に投稿していたのは、わずか2人。しかもその2人は、チャンネル登録者数が1万人を突破していたのです。

仕事柄、私の友人はIT系の人が多く、Webの知見が深い人も多いのですが、ノウハウよりも結果的には「継続していた人の勝ち」だとわかりました。継続していなかった人は、5～10程度の動画投稿でやめてしまっている人が多く、本当にもったいないな…という印象を持ちました。

こうした話から、いかに継続的にアップすることが大切か、おわかりいただけたのではないでしょうか。できれば1日1投稿、クオリティは編集なしのノーカット版でも大丈夫です。つい凝りたくなるかもしれませんが、**視聴者が重視しているのは動画の編集クオリティや画質の綺麗さではなく、「動画の内容」**です。

毎日歯ブラシをしないと気持ち悪いように、まずはホームランを狙いに行かずに、動画をアップするというルーティーンを身体に染み込ませて継続するところから始めていきましょう。

継続するだけで、あなたはYouTubeに限らず、どこにいっても上位1％に入ることができるはずです。これは何にでも共通する成功のコツなのではないでしょうか。

YouTubeが伸びない原因「自意識の壁」を克服しよう

私は現在、100社近くのYouTubeチャンネルをプロデュース、コンサルティングを行っていますが、その中で厄介だと感じるのが、「自意識の壁」です。個人であれ企業であれ、これが意外とYouTube事業が伸び悩む大きな原因となるのです。

クライアントの悩みには、「自分なんかよりも上の人がいるのに偉そうに発信して大丈夫なのか」「自分の外見やしゃべりに自信がないので恥ずかしい」「友人や知人に観られるのが嫌だ」といった声があります。

初めて世の中に発信し、時として顔や声までも全世界に発信していくのですから、この気恥ずかしさというのは当然湧いてくるものかと思います。

しかし、安心してください。良くも悪くも「あなたのことを世界は見ていない」のです。例えば、テレビに出ているような芸能人や著名な起業家がYouTubeを始めたら、多くの人が注目するでしょう。そのような有名人でなければ、大企業の社長レベル、年商数百億円規模の中小企業の社長レベルであろうとも、世間的に見れば「無名の人」です。

あなたは、売上高トップ5の建設会社とその社長名を言えますか？　化粧品メーカーのトップ5、食品メーカーのトップ5はどうでしょうか？

ほとんどの人は、1割も答えることができないのではないでしょうか。つまり、「ほとんどの人は無名で、誰も注目していない」という前提が成立します。

そしてYouTubeは、今後あなたのサービスや商品に繋がる〝潜在的な顧客〟にリーチしたり、ファンになってもらうための「赤の他人にリーチするツール」です。

ですから、同業者や友人、知人などの存在を気にする必要はないですし、そこに向けてアプローチする媒体ではないのです。

初めてあなたのYouTubeチャンネルを訪れる視聴者は、あなたに注目していません。面白そう、有益そうなら観る、そうでなかったら動画を閉じる。それまでです。あなたがYouTubeで恥ずかしいと感じていることを、視聴者は何とも思っていないのです。

さあ、自意識の壁を突破できそうな気がしませんか。基本的に、YouTubeで誰が発信しようと自由であり、失敗しても誰からも咎められる理由はないのです。

あなたのチャンネルを伸ばすための情報源

再生回数や登録者数を増やしたいとき、インターネットで調べれば様々な情報を得ることができるでしょう。YouTubeやTwitterでも「YouTubeの伸ばし方教えます！」といった発信をしている人が少なからずいます。

もちろんそれを参考にしてもいいと思いますが、最も大切なのは「YouTubeが何を考え、発信者側にどうしてほしいのか」を考えることです。第2章でお伝えしたように、YouTubeの手っ取り早い攻略は、YouTubeに聞くのが一番です。

長年YouTubeをやっていても知らない人が意外と多いのですが、具体的には以下の2つを参照することをお勧めします。どちらもYouTube公式が運営し、発信しているものです。

▶ YouTube Creator Academy

YouTubeクリエーター（発信者）向けのノウハウを提供している、無料のオンラ

YouTube Creator Academy

出所　https://creatoracademy.youtube.com/page/home

インコースです。動画とテキストで、チャンネルの始め方から、機材や編集のコツ、視聴者を引きつけるポイントなど、様々なノウハウをYouTube側が無料でレッスンしてくれます。

　チャンネルの最適化や、収益化の手続き、広告の種類など、詳細な部分まで教えてくれるので、何かYouTubeでわからないことがあったときや行き詰まったときに立ち返るサイトとして、覚えておくと良いでしょう。

▶YouTubeのしくみとは？

　ここには、YouTube全体としての思想や取り組み、現状の動向などがまとめられています。具体的には、コンテンツの規制・管理・プライバシーポリシー、動画の削除理由、

YouTubeが社会に向けて貢献していることなどがあります。

この中の「YouTubeの動画削除理由」という項目を見ると、最も多い削除理由は「子どもの安全」で、50%以上を占めています（2021年9月現在）。子どもの安全を害するコンテンツや児童ポルノなど、特にそういったコンテンツにYouTubeは神経を使って見張っていることが窺えます。

その次に、「性的表現」や「暴力的描写」などが続き、「どういう内容・方向性の動画を作ってしまうと良くないのか」という判断基準にもなります。

YouTubeの取り組み

出所 https://www.youtube.com/intl/ALL_jp/howyoutubeworks/

有害なコンテンツの管理

出所 https://www.youtube.com/intl/ALL_jp/howyoutubeworks/
our-commitments/managing-harmful-content/

「テーマのごった煮」に悩んだらサブチャンネルで可能性を広げよう

YouTubeがなかなか伸びていかないときの傾向としては、「テーマが分散している」という特徴も挙げられます。「税金の話をしていたのに、自己啓発の話や、料理の動画も上がっている」といったパターンです。

このことは第2章でも触れましたが、YouTubeで情報を発信していこうとする人や企業は意識が高く、伝えたいネタが豊富にあるのだと思います。しかしそれだと、視聴者は「このチャンネルがどのような情報を提供してくれ、何が有効なのか」を一瞬で判断できず、チャンネル登録にいたりません。

そこでおすすめなのが、「チャンネルを分ける」「サブチャンネルを作る」ということです。例えば、美容師として働く傍ら、フォトグラファーとしても実績のある方がいたとします。実際、カットモデルのヘアメイクをして、そのまま撮影もするという美容師の方が最近増えています。

そんな方がYouTubeで発信していくとき、美容師系のネタ（「簡単にできるヘアアレンジ3選」など）と写真系のネタ（「初心者向けカメラの使い方」など）を1つのチャンネルにアップすると、なかなか登録者数が伸びません。

しかし、「ヘアメイク」と「カメラの使い方」の2つにチャンネルを分ければ、視聴者は「このチャンネルは何を発信しているのか」が一目でわかり、登録者数の増加や継続的な視聴に繋がるのです。

こんな話があります。コロナ禍により、ウーバーイーツのような宅配での食事文化が急速に広まりました。それによって、かなり売上をアップしたのが「ゴーストレストラン」、1つの調理場に複数の専門店を持つという営業形態です。

例を挙げると、調理場は1つでありながら「カレー専門店」「唐揚げ専門店」「タピオカ専門店」を宅配サービス上で出店し、注文を受け付けているようなスタイルです。

もし、1つのお店（店名）で、カレーと唐揚げとタピオカを出品していたら、お客さんに「何のお店かわからない」と思われてしまいますが、店舗を切り分けることで、何の専門店かが明確になり、それぞれのお店の売上も伸びていきます。

YouTubeにもそれと同じことが言えるのです。**重要なのは、「どう作るか、運営するか」ではなく、「お客さんにどう見えているか」**。そこを意識するだけで、1つどころか「複数のチャンネルでのビジネスチャンス」が広がっていきます。

「YouTube×Web」の組み合わせでSEO効果をアップする方法

YouTubeのコンテンツはYouTubeでしか活用できない、と思っている人が少なくありませんが、実はWeb上で相乗効果を生む使い方があります。

それは、**YouTube動画をWebサイトなどに組み込み、Web記事として活用する方法**です。せっかく作った動画をYouTubeの中だけに留めるのではなく、Webサイトの素材として、ブログやホームページでも活用していくのです。

この「YouTube×Web」のメリットとしては、**「コンテンツの再利用」**に加えて、**「SEO効果が高い」**という側面があります。

海外のリサーチ会社が発表したデータによれば、YouTube動画を組み込んだWeb記事は、そうではない記事と比較した際に、SEO効果が12倍アップしたという話もあります。

そこまでの効果は見込めなかったとしても、YouTubeはGoogleが所有している点、そしてGoogleは「ユーザーファースト」の理念を追求しているという点から、検索ではわかりやすい動画が有利に表示されるというのは事実です。

ぜひＹｏｕＴｕｂｅ×Ｗｅｂ記事を利用して、コンテンツの再利用と、さらなる認知の拡大を狙っていきましょう。

効果的なやり方は、次の２パターンです。

- **動画の書き起こしをして全文を掲載する**
- **動画のポイントを伝える簡易的な記事にする**

その際に、ＹｏｕＴｕｂｅの各動画のシーンを「画像」（静止画）として切り出し、数枚ほど記事に入れ込むと、視聴者は動画の様子がつかめて理解度も高まります。

例えば、私がコンサルティングに携わっている業界ナンバーワンの経済メディアも、２０２１年４月から本格的にＹｏｕＴｕｂｅチャンネルを始動し、この「ＹｏｕＴｕｂｅ動画×Ｗｅｂ記事」のスタイルを開始して、ＰＶの大幅増や、新規ユーザーの獲得に繋げています。

そこの編集部長が優秀でスピードが速く手数が多い、というのも大きいのでしょう。

Web記事への動画掲載例

【モテる大学ランキング】合コン大人気の全国TOP30大学はここ！

2021年4月5日

B! LINE

本日のテーマ

合コンで大人気の大学はどこ？全国の女子のアンケート結果はこれだ！ 各大学の特徴と共に発表していくぞ！

↓動画で観たい方はこちら

今日のテーマ

出所　https://daniel-news.com/2021/04/05/motel-university/

アドバイスさせていただいた「量」と「媒体活用」（次のセクション参照）をうまく遂行され、さらなる成長を実現させていきました。やはり、インターネットの時代においてはこのようにスピードと適応力が必須とも言えるでしょう。

今や、ＳＮＳやホームページ、ブログだけの時代は終わり、「動画とＷｅｂサイトの相乗効果」が、最もコスパが良いビジネスを生んでいくのです。

次世代型の動画集客手法（TikTok・Instagram「リール」など）

ここでは、YouTubeでアップした動画をSNSなどの媒体でさらに認知拡大させるために、相性の良いアプリ戦略や機能をお伝えしていきます。「TikTok」「Instagram リール機能」「YouTube ショート機能」の3つです。

1　TikTok

中国のバイトダンスが運営する「ショート動画」の共有アプリ。60秒以内の短編動画を気軽に投稿・閲覧できることから、ここ数年の間に世界中でブームになりました。

スマートフォン全盛の時代ということもあり、「縦動画」（タテ長の動画）での投稿が主流です。また、TikTokの特徴は「オススメ表示機能」にあり、オススメに乗れば一気に数百万再生までいくことも珍しくありません。

このTikTokは若者を中心として大流行していますが、実はビジネス系とも相性がよいのです。最近ではお金の話や自己啓発、人生論などを、60秒以内でわかりやすく発信しているビジネス系のＴｉｋＴｏｋチャンネルも人気です。

ＹｏｕＴｕｂｅとの相乗効果の戦略としては、ＹｏｕＴｕｂｅで撮影した動画をＴｉｋＴｏｋ用に短く編集したり、あるいは、反対にＴｉｋＴｏｋで撮影した60秒以内の動画をＹｏｕＴｕｂｅの「ショート」機能（後述します）で投稿するなどの戦略です。

ＴｉｋＴｏｋという「再生回数を急激に伸ばす媒体」の力を借り、「短期間で認知をアップさせる」という効果に加え、「ＴｉｋＴｏｋからＹｏｕＴｕｂｅに流れてくる」という効果もあります。

ただし注意点があります。ＴｉｋＴｏｋのプロフィールや、プロフィールのリンクでＹｏｕＴｕｂｅを宣伝するのは問題ないのですが、投稿動画にＹｏｕＴｕｂｅへの誘導文言やテキストがあると、制限がかかる傾向にあります。

現代はスマホの過処分所得時間を奪い合っている時代です。ＴｉｋＴｏｋも安易に、ＹｏｕＴｕｂｅにアクセスを取られたくないという意向があるのでしょう。

2　Ｉｎｓｔａｇｒａｍ「リール」機能

アメリカ発の「写真共有型プラットフォーム」アプリとして誕生したＩｎｓｔａｇｒａｍですが、最近は動画を通してのコミュニケーションが活発です。写真や動画をアップして1日で消えてしまうタイプの「ストーリー」という機能が流行ったことは、ご存じの方も多いでしょう。

現在はTikTokのような60秒以内の動画を投稿する機能の「リール」が、これまた大流行しています。

YouTubeとの相乗効果の戦略としては、基本的にTikTokと同じで、「YouTubeで撮影した動画をInstagram用に短く編集する」、もしくは「Instagram用に編集した動画をそのままリールに投稿する」という手があります。

Instagramのリールは、TikTokが流行しすぎたことへの焦りから新機能が追加された、という経緯もあって、YouTube動画との相性が良いのです。

3 YouTube「ショート」機能

YouTubeにもショート動画（60秒以内）を投稿できる新機能が追加されました。こちらも基本的にはInstagramと同様に、「TikTokの流行に負けじとYouTubeもショート機能を実装した」という説が濃厚です。

ショート動画の投稿の仕方は簡単で、60秒以内の動画にタイトル、もしくは説明欄にハッシュタグ「#Shorts」をつけるだけです。それだけで、YouTubeのショート動画として認識され、ショート動画タブにまとめられて閲覧されます。

（参考「YouTubeショートを作成する」
https://support.google.com/youtube/answer/10343433?hl=ja）

▶TikTokやYouTubeショートなどで成功しているアカウント

例えば、岡野タケシ弁護士は、「TikTok×YouTubeショート動画」の戦略に切り替えています。TikTok用に投稿した縦型の動画を、そのままYouTubeの「ショート」機能に投稿して、再生回数やチャンネル登録者数を急速に伸ばしています。YouTubeとの相乗効果の伸びもあり、チャンネル登録者数がうなぎ登りです。

岡野タケシ弁護士のチャンネル

出所　https://www.youtube.com/channel/UCl8E6NsjN979gbMBdztF48g

昨今の動向と、これから

新型コロナウイルスの蔓延によって、テレビや撮影の収録などが減少した影響もあり、多くの芸能人やインフルエンサーがＹｏｕＴｕｂｅに参入してきました。ＹｏｕＴｕｂｅにおいて、*コロナの影響により月間での視聴者数が増加しているとの報告もあります。

いまでは社会一般的にもＹｏｕＴｕｂｅという存在が広く認知され、多くの人が使っているのですから、ＹｏｕＴｕｂｅをまだ活用できていないという企業や個人の方は、逆にピンチともいえるのです。ビジネスにおける感度が高い層は、すでに自社の認知拡大や商品ＰＲ、サービス導入の入り口としてＹｏｕＴｕｂｅを活用していて、その層がどんどん増えていくことは想像に難くありません。だとすると、活用できていない層が相対的に不利になっていくことは明白でしょう。

*（参照 Ｔｈｉｎｋ Ｗｉｔｈ Ｇｏｏｇｌｅ「月間６５００万ユーザーを超えたＹｏｕＴｕｂｅ、２０２０年の国内利用実態 ―― テレビでの利用も2倍に」など
https://www.thinkwithgoogle.com/intl/ja-jp/marketing-strategies/video/youtube-recap2020-2/）

現在、ホームページを持っていない企業はほとんど見かけません。持っていないとすれば、よほどビジネスを理解していないか、用意できないほど予算がないかのどちらかではないでしょうか。なぜなら、ネット全盛の現代にホームページを持っていないということは、看板を掲げていないという行為に等しく、お客様から「信用ができない」というレッテルを貼られてしまうからです。

これが20年前の話なら、ホームページを持っていなくても少数派ではありませんでしたが、いまの社会においてそれほどネット上での「看板」は重要になってきました。

それと同じように、いまYouTubeという媒体が次の時代の「看板」として急速に発展しています。世界で2番目に大きなプラットフォームであり、日本人の77%が日常的に利用しているのです。テレビやラジオに費やす時間が少なくなり、手軽にスマホで閲覧できるYouTubeが圧倒的に観られているのです。

そして、この流れは、今後さらに加速していきます。

つまり、「1企業1YouTubeチャンネル」という時代が必ずやってくるのです。YouTubeというプラットフォームに代わるものが台頭してくるかもしれませんが、基本的には「動画をアップする自前のチャンネル」という概念は、ここ10年、20年はずっと続いていくでしょう。

ＹｏｕＴｕｂｅをビジネスに活用したいのであれば、できるだけ早く参入することをお勧めします。このＹｏｕＴｕｂｅという媒体の〝おいしさ〟に気づいているビジネスをする企業や個人は、まだまだ少数派です。

今日にでもＹｏｕＴｕｂｅチャンネル開設のために行動を始め、地道に動画をアップし続けていってほしいと思います。そうすることで、あなたのビジネスには着実にファンがつき、売上をＹｏｕＴｕｂｅ経由で上げて、ライバルや競合との差を一気につけることができるはずです。

さあ、あなたもＹｏｕＴｕｂｅで集客を始めていきませんか。

おわりに

２０２０年、新型コロナウイルスの影響でオフラインの集客が絶たれた企業から、たくさんのＹｏｕＴｕｂｅプロデュース・コンサルティングをご依頼いただきました。

そのなかで強く感じたのは、「変化に素早く対応する勇気のある企業は、どんな時代でも必ず生き残れる」ということでした。

どんな企業の方も個人の方も、最初はみなＹｏｕＴｕｂｅの初心者です。また、オフラインからオンラインへの転換に不安を感じることもあるかもしれません。

しかし、コツコツと続けていけば、業種の違いや規模の大小によらず、必ず成果が出るものです。次の時代に一歩飛び込む勇気、それはあなた自身やあなたの会社を大きく成長させてくれるでしょう。

本書が少しでも、そんな「勇気ある企業」の集客の助けになるのであれば幸いです。

変化の激しい時代を、共に戦っていきましょう。

最後に、執筆のきっかけをいただいたネクストサービス出版プロデューサーの松尾昭仁さん、何より青春出版社の嶋田安芸子さんに感謝申し上げます。

また、今回の出版に伴う印税収入は、これから新しく起業やビジネスにチャレンジする若者や、社会的意義のあるプロジェクトに、サポートとして寄付させていただきます。

可能性に満ちあふれたYouTubeを活用し、ニューノーマル時代のなか、ファンと楽しくコミュニケーションを取りながらスイスイ集客ができる企業が増えることを願って――。

二〇二一年九月吉日

大原昌人

参考文献

『YouTube 革命：メディアを変える挑戦者たち』

ロバート・キンセル、マーニー・ペイヴァン 著／渡会圭子 訳

文藝春秋

『カンタンに売れるのになぜ YouTube をやらないんですか !?』

鴨頭嘉人 著

サンクチュアリ出版

各種のＷｅｂ検索結果や引用情報などは、すべて本書執筆時点の内容になります。

著者からのプレゼント

本書をご購入いただいた方へ
YouTube 無料メールコンサルのお知らせ

これから YouTube を始めたい方、すでに始められている方のご質問に、著者が 200 文字程度のメールにて回答いたします。
ご希望の方は、こちらのアドレスまでご連絡をお寄せください。

client-partner@daniels-ark.jp

＊メールをいただく際は、下記のテンプレートの内容をお送りくださいますようお願いします。

件名：「YouTube 書籍特典メールコンサル」

～本文テンプレート～

お名前：○○○○
会社名（法人の場合）：○○○○○
YouTube チャンネルの有無：有り or 無し
チャンネル URL（所有している場合）：
YouTube ビジネスの目的：
　本業の集客をしたい　広告収益を得たい　など
業種、サービス内容：
　通販の食品　教育支援サービス　コンサルティング業　など
ご相談やお悩み・質問事項（1件まで）：
本書のご感想：

著者紹介

大原昌人
株式会社ダニエルズアーク代表取締役。YouTubeプロデューサー。元「楽天市場」プロデューサー。

慶應義塾大学環境情報学部卒業後、楽天株式会社に入社。クリエイティブ部門に配属。フリマアプリ「ラクマ」や、年間100億円規模の流通を生み出す「6時間タイムセール」など、数々のヒット企画に参画する。2016年「楽天市場MVP賞」を受賞。2017年からは国内最大級の流通額を誇る「楽天スーパーSALE」の総合プロデューサーに最年少で就任。1週間で683億円という驚異の売上最高記録を生み出した。

2018年、株式会社ダニエルズアークを設立し、代表に就任。「企業にWeb集客のエンパワー」をモットーに掲げ、全国各地に活躍の場を広げている。コカ・コーラ、サムスン、花王など、大企業からの引き合いが絶えず、YouTubeプロデュース事業では、コンサルティング実績200チャンネル以上。累計102万チャンネル登録を超えるYouTubeチャンネルのプロデュースに関わっている。

著書に『売れない時代にすぐ売る技術』(サンマーク出版)、『すべての仕事を2分の1の時間で終わらせる ガチ速仕事術』(ぱる出版)がある。

これからの集客《しゅうきゃく》はYouTube《ユーチューブ》が9割《わり》

2021年10月30日 第1刷
2022年1月15日 第2刷

著　　者　大原昌人《おおはらまさと》
発 行 者　小澤源太郎

責任編集　株式会社 プライム涌光
電話 編集部 03(3203)2850

発 行 所　株式会社 青春出版社
東京都新宿区若松町12番1号 〒162-0056
振替番号 00190-7-98602
電話 営業部 03(3207)1916

印刷 共同印刷　製本 大口製本

万一、落丁、乱丁がありました節は、お取りかえします。

ISBN978-4-413-23223-4 C0030